Bill Johnson / Randy Clark

Berufen zu heilen II

Bill Johnson / Randy Clark

Berufen zu heilen

BAND 2

Die Autoren im Gespräch
über ihre Erfahrungen und Erkenntnisse
aus der Praxis

GloryWorld-Medien

Originally published in English under the title *Healing Unplugged* by Chosen, a division of Baker Publishing Group, Grand Rapids, Michigan, 49516, U.S.A.

2. Auflage 2016

Bibelzitate sind, falls nicht anders gekennzeichnet, der Elberfelder Bibel, Revidierte Fassung von 1985, entnommen.

Weitere Bibelübersetzungen:

LUT: Lutherbibel, Revidierte Fassung von 1984
NGÜ: Neue Genfer Übersetzung, 2009
NLB: „Neues Leben. Die Bibelübersetzung", Holzgerlingen, 2002.

Das Buch folgt den Regeln der Deutschen Rechtschreibreform. Die Bibelzitate wurden diesen Rechtschreibregeln angepasst.

Übersetzung: Regina Frohms
Lektorat/Satz: Thilo Niepel / Manfred Mayer
Satz: Manfred Mayer
Umschlaggestaltung: Kerstin & Karl Gerd Striepecke, www.vision-c.de
Foto: photocase
Druck: CPI books GmbH, Leck

Printed in Germany

ISBN: 978-3-936322-80-4

Bestellnummer: 359280

Erhältlich beim Verlag:

GloryWorld-Medien
Beit-Sahour-Str. 4
D-46509 Xanten
Tel.: 02801-9854003
Fax: 02801-9854004
info@gloryworld.de
www.gloryworld.de

oder in jeder Buchhandlung

Stimmen zum Buch

Ich kann dieses Buch nur wärmstens empfehlen. Es zu lesen, ist wie einer Unterhaltung zwischen zwei alten Hasen im Heilungsdienst beizuwohnen, während sie sehr reale Fragen anhand ihrer eigenen Erfahrungen durchsprechen. Näher könnten wir Bill und Randy als unseren persönlichen Mentoren nicht kommen. Sie versuchen auf sehr ehrliche und kreative Weise, Fragen zu beantworten, wie man am besten für Heilung betet.

Dr. Francis MacNutt,
Mitgründer von „Christian Healing Ministries, Inc."

Dieses Buch ist so geschrieben, als säßen wir mit Bill Johnson und Randy Clark zusammen im Wohnzimmer, während sie ihre sehr persönlichen Geschichten über ihre Entdeckungen erzählen, wie man in der Heilungssalbung wirkt und gut damit umgeht. Jedes ihrer Zeugnisse spiegelt Gottes Herrlichkeit wider und wird Ihr Verlangen wachsen lassen, die Gegenwart und Wunder Jesu noch stärker zu erleben.

Dieses Buch ist kein Handbuch für das Heilungsgebet, sondern gibt Anstöße, die unseren Glauben aktivieren, die Werke Jesu überall zu tun, wo wir gerade sind. Mit Demut und Ehrlichkeit teilen Bill und Randy ihre Lernerfahrungen und „Betriebsgeheimnisse" mit, die sie dadurch gewonnen haben, dass sie dem Heiligen Geist gefolgt sind. Die wunderbaren Erkenntnisse, die diese besonderen Diener an uns weitergeben, sind eine große Bereicherung für uns. Ich betrachte sie nicht nur als Freunde, sondern auch als großartige Vorbilder für den Heilungsdienst in unserer Zeit.

Mahesh Chavda,
Hauptpastor der „All Nations Church", Fort Mill, South Carolina

Inhalt

Danksagung 11

Einleitung 13

TEIL 1: RANDY CLARK INTERVIEWT BILL JOHNSON

1. Heilung nachjagen 21
2. Wachstumsschübe im Bereich Heilung 31
3. Umgang mit ungewöhnlichen Fällen 49
4. Umwerfende Erfahrungen und Ereignisse, die zu Durchbrüchen führten 55
5. Sehen und Hören, wie Gott wirkt 67
6. Das Zeugnis bewahren 71

TEIL 2: BILL JOHNSON INTERVIEWT RANDY CLARK

7. Ein Hunger nach Heilung 87
8. Ins Wachstum katapultiert 107
9. Sich neue Bereiche erschließen 117
10. Wie es zu Durchbrüchen und mehr Heilungen kommt 129
11. Anbetung und die Herrlichkeit 137
12. Lernen, Gottes Führung zu folgen 147
13. Spektakuläre Geschichten 157

Über die Autoren 171

WIDMUNG

Ich widme meinen Teil dieses Buches Cal und Michelle Pierce, den Gründern und Leitern der Internationalen Vereinigung der Heilungsräume in Spokane, Washington. Sie haben einen hohen Preis dafür bezahlt, dass sie mit reinen Herzensmotiven und Kraft Heilung in viele Nationen der Welt gebracht haben. Ihr Glaube und ihre Hingabe haben mich außerordentlich beeinflusst. Ich schätze ihren Einsatz für unseren König und sein Königreich sehr und habe das Vorrecht, sie meine Freunde nennen zu dürfen.

Bill Johnson

Ich widme dieses Buch allen Studenten, die an unserer weltweiten Schule des übernatürlichen Dienstes teilgenommen haben, den Männern und Frauen, die mir als Praktikanten und persönliche Assistenten gedient haben, sowie den Pastoren und Predigern unseres apostolischen Netzwerks „Global Awakening", die im Reisedienst stehen. Ihr seid ein Teil meines Lebens und habt mich immer wieder herausgefordert, mit aller Kraft nach mehr zu streben.

Außerdem widme ich dieses Buch meiner Frau und meinen Kindern, die mich mit der Welt, die sozusagen mein Pfarrbezirk ist, geteilt haben.

Randy Clark

DANKSAGUNG

Mein Dank gilt Randy Clark für die Ehre seiner Freundschaft. Auch Jane Campbell und ihren Mitarbeitern von Chosen Books möchte ich meinen Dank aussprechen, dass sie sowohl uns Autoren als auch den Lesern so gute Dienste leisten. Ich stehe in eurer Schuld.

Bill Johnson

Ich möchte meinem Freund und apostolischen Leiter Bill Johnson meinen Dank aussprechen. Danke, dass du mich herausgefordert hast, neue Wege in Bezug auf den Heilungsdienst einzuschlagen. Du bist eine enorme Ermutigung für mich.

Auch möchte ich Jane Campbell danken, die mich sehr ermutigt und an dieses Buch geglaubt hat, als ich ihr meine Idee dazu mitteilte. Ebenso geht mein Dank an die Herausgeberin Trish Konieczny, mit der ich es äußerst genossen habe zusammenzuarbeiten, sowie an alle Mitarbeiter von Chosen Books, die so viel Professionalität in ihrer Arbeit bewiesen haben. Ihr seid ein großartiges Team, mit dem wir wunderbar zusammenarbeiten konnten. Danke, dass Ihr an Bill und mich geglaubt habt.

Randy Clark

EINLEITUNG

(1) Bill Johnson:

Eisen schärft Eisen, ebenso schärft ein Mann den anderen.

Sprüche 27,17 (NLB)

Was einen von Zeichen und Wundern gekennzeichneten Lebensstil angeht, hatte und hat niemand einen größeren Einfluss auf mich als Randy Clark. Mit ihm zusammen habe ich überall auf der Welt gedient und bin dadurch stark geprägt worden. Sein Lebensstil und seine Botschaft haben mein Denken und mein Verhalten geformt. Einige seiner Botschaften habe ich so häufig gehört, dass ich es nicht mehr zählen kann, und dennoch werden sie niemals alt. Es ist tatsächlich so, dass ich jedes Mal neu herausgefordert bin, wenn er spricht. Die Vorbildlichkeit seines persönliches Leben, die Art und Weise, wie er Menschen achtet, und vor allem seine Hingabe, den Heiligen Geist zu ehren und ihm zu folgen, haben mich so sehr inspiriert, dass ich keine Worte dafür finde. *Eisen schärft Eisen.* Schon oft habe ich eine Lehre über diese Aussage in der Gemeinde gehört, meist als eine Beschreibung, wie Gott unsere Unterschiede gebrauchen kann, um unsere Persönlichkeiten und Begabungen gegenseitig zu verbessern. Obwohl das stimmt, wende ich diese Aussage nicht auf diese Weise an. Ich bin schärfer, entschlossener und insgesamt besser geworden, weil Randy mich und all die Menschen, denen wir gedient haben, so geduldig unterwiesen hat.

Es war Randys Idee, dieses Buch als Interview zu gestalten. Auf eine solche interaktive Weise lerne und zu kommuniziere ich Wahrheit am liebsten. Anfänglich war es nicht als ein Buch geplant, sondern als mögliches DVD-Projekt, das dabei helfen sollte, Menschen (insbesondere seine Studenten) in dieser Art von Dienst zu trainieren. Die Gegenwart Gottes wurde während dieser Interviews jedoch so offensichtlich und stark, dass wir erkannten, dass Gott mehr damit vorhatte, als wir ursprünglich geplant hatten.

Dadurch, dass unser Interviewprojekt einen Gesprächscharakter beibehielt, blieb es praktisch und äußerst ehrlich. Es war so erfrischend, ein Teil davon gewesen zu sein. Der Text auf den folgenden Seiten ist direkt unseren Interviews entnommen worden, auch wenn wir hier und da ein Wort oder einen Satz so verändert haben, dass der Inhalt mit seiner beabsichtigten Botschaft für den Leser verständlicher wurde. Ein Gespräch ist eben nicht Wort für Wort druckreif. (Wo es nötig war, haben wir auch ein paar erklärende Zusätze eingefügt.)

Randy und ich sind Partner im Leben und im Dienst und pflegen seit 14 Jahren eine bundesähnliche Freundschaft. Ich glaube, dass es eine gottgegebene Partnerschaft ist, bei der unsere jeweiligen Stärken den Gesamterfolg im Leben des anderen noch erhöhen. Es ist wirklich wahr, dass Eisen Eisen schärft – und es ist ein großer Segen.

(2) Randy Clark:

Dieses Buch baut auf zwei Interviews über den Heilungsdienst auf. Zuerst habe ich Bill Johnson interviewt, dann hat Bill mich interviewt. Unsere beiden Interviews sind Teil einer Reihe von zwölf Interviews, die ich mit Menschen geführt habe, die für Heilungen bekannt sind. Neben Bill und mir sind das Dr. Heidi Baker, Dr. James Maloney, Ian Andrews, Todd White, Jim and Ramona Rickard, Leif Hetland, Cal Pierce, Henry Madava, Omar Cabrera und Carlos Annacondia. Diese Interviews habe ich geführt, weil ich glaube, dass Menschen, die mit dem Heilungsdienst gerade beginnen oder sich nach einem Heilungsdienst sehnen, sehr von der Weisheit dieser Männer und Frauen mit einer solch starken Heilungsgabe profitieren können. Wenn ein normaler Mensch, der Interesse an Heilung hat, diese hochbegabten Männer und Frauen interviewen könnte – welch großer Gewinn wäre das für ihn. Dieses Projekt ist ein Mittel, diesem Menschen solch eine Gelegenheit zu bieten. Als ich die Gelegenheit hatte, berühmte Menschen im Heilungsdienst zu interviewen, habe ich ihnen normalerweise Fragen über diese fünf Bereiche gestellt:

1. Wie lautet deine Geschichte? Wie wurdest du in den Heilungsdienst berufen und welche bedeutenden Ereignisse oder Erfahrungen waren Teil dieser Berufung?
2. Wie bist du im Bereich von Heilungen und Wundern gewachsen, und was hast du dabei gelernt?
3. Hast du Erfahrungen gemacht, die wie ein Durchbruch waren und dazu führten, dass du eine Zunahme an Heilungen sehen konntest?
4. Wie hast du deine Fähigkeit, im Geist zu sehen bzw. zu hören, entwickelt?
5. Würdest du mir die vier oder fünf großartigsten Geschichten über Wunderheilungen oder Befreiungen mitteilen, die du erlebt hast?

Da ich ein solch starkes Interesse an diesen Fragen hatte, glaubte ich, dass viele andere Menschen, für die Heilung ebenfalls ein wichtiges Thema ist, dieses Interesse teilen und von den Antworten dieser begabten Menschen lernen könnten. Dies sind also die grundlegenden Fragen, die Bill und ich uns gegenseitig in den Interviews gestellt haben – obwohl wir gleichzeitig noch einige weitere interessante Themen, die mit Heilung zusammenhängen, gestreift haben. Das werden Sie dann sehen.

Anfänglich hatte ich diese Interviews aufgenommen, damit ich sie für ein neues christliches Programm mit beglaubigten Heilungen nutzen könnte. Ich war dabei, dieses für das Internet zu entwickeln, und es sollte all die Komponenten einschließen, die für körperliche Heilung, innere Heilung (oder Seelsorge) und Befreiung wesentlich sind. Nachdem Bill und ich jedoch unsere gegenseitigen Interviews abgeschlossen hatten, war ich über ihren Inhalt so begeistert, dass ich mit Jane Campbell von Chosen Books Kontakt aufnahm und ihr mitteilte, ich glaubte, diese beiden Interviews ergäben ein großartiges Buch. Wie Sie sehen, war sie damit einverstanden. Wenn dieses Buch tatsächlich so positiv aufgenommen wird und hilfreich ist für Menschen, die an Heilung interessiert sind, wie ich denke, habe ich noch zehn weitere Interviews auf Lager. Ich werde meine Hauptabsichten damit weiter verfolgen und diese Interviews in unseren Onlinekursen anbieten.

Zusätzlich glaube ich, dass ich sie in unserer neunmonatigen Globalen Schule des übernatürlichen Dienstes in Mechanicsburg in Pennsylvania einsetzen werde. Momentan ist jedoch meine Hoffnung, dass auch diese Interviews irgendwann als wertvolles Lehrwerkzeug in Form von Büchern zur Verfügung stehen werden.

Ich interviewte Bill im Oktober 2010 bei unserer Konferenz „Stimme der Apostel" spät abends zwischen 23.30 Uhr und 1.30 Uhr nach einer langen Abendveranstaltung. Drei oder vier Stunden später musste er schon wieder aufstehen, um seinen Flug nach Hause zu bekommen, aber wir fanden dieses Interview so wichtig, dass wir es trotzdem durchführten. Unsere Terminpläne waren dermaßen überfüllt, dass es zu einer regelrechten Herausforderung wurde, eine gemeinsame freie Zeit zu finden und gleichzeitig eine Ausrüstung für eine Videoaufnahme zur Verfügung zu haben. Aber es gelang uns. Bill interviewte mich dann später während einer meiner Konferenzen zu den Themen Befreiung, Unglaube und Täuschung, die im November 2010 in Abilene (Texas) in meiner Schule für Heilung und Gabenfreisetzung[1] stattfand. Wieder war es sehr spät abends, weil dies die einzige Zeit war, die wir finden konnten. Diese Konferenzen sind vollgepackt mit sechs Lehreinheiten pro Tag über vier Tage. Zusätzlich hatte ich während jeder Essenspause weitere Treffen dort in Abilene. Dieses Interview war uns beiden jedoch so wichtig, dass wir alles dafür taten, um es zu ermöglichen. Das Buch, das Sie in den Händen halten, ist das Ergebnis unserer zielstrebigen Bemühungen.

Bill und ich kennen einander bereits seit vierzehn Jahren. Wir haben uns gegenseitig in unserer Arbeit unterstützt und respektieren einander sehr. Ich bin viele Male in der Bethel Church, seiner Gemeinde, gewesen und habe auch an seiner Schule für den übernatürlichen Dienst gesprochen. Diese Schule diente uns als Modell für unsere neunmonatige Schule von „Global Awakening". Auch Bill hat sich mir gegenüber verpflichtet, indem er an etwa fünf meiner Schulen oder Konferenzen pro Jahr spricht. Der Heilige Geist hat uns beide wirklich zusammengeführt. Zu Beginn unserer Freundschaft „sah" ein prophetischer Diener Gottes, dass sich Bill in mich verwandelte. Ein anderes Mal sah ein prophetischer

[1] Engl. „Global School of Healing and Impartation".

Diener Gottes, dass Bill und ich an der Hüfte verbunden waren. Ein anderer prophetisch begabter Mann sagte wiederum zu Bill, er glaube, Gott wolle, dass wir zusammen ein Buch schrieben. Und Bills persönliche Sekretärin glaubte, Gott habe ihr im Geist gezeigt, dass Bill und ich zusammenarbeiten sollten. Ich bin begeistert, dass diese Interviews einer der Wege sind, wie wir dies tun.

Dieses Buch ist eine sehr wortgetreue Wiedergabe der Interviews, die Bill und ich gegenseitig miteinander führten. Da verbale und schriftliche Kommunikation sich vom Stil her jedoch so sehr unterscheiden, wurde der Text ein wenig bearbeitet, um unsere gesprochenen Worte für den Leser verständlicher zu machen. Gelegentlich wird sich dieses Buch von unseren Videoaufnahmen unterscheiden, und zwar immer dann, wenn wir einen Fehler beim Durchlesen der Abschrift des Interviews entdeckt haben. Diese haben wir in der Fassung dieses Buches korrigiert. Zusätzlich haben wir einige Anmerkungen für den Leser hinzugefügt, um einige unserer Aussagen während der Interviews zu verdeutlichen. Ich glaube, dass diese zusätzlichen Anmerkungen ein paar wichtige Informationen ergänzen und somit einigen unserer Aussagen größere Bedeutung verleihen.

Dennoch gingen wir sehr sorgfältig darin vor, den Text dieses Buches so nah wie möglich an den tatsächlichen Aussagen des Interviews zu halten. Das Buch und die aufgenommenen Interviews gleichen einander daher sehr und können somit leicht in Ergänzung zueinander gebraucht werden. Es ist nützlich und wertvoll, all diese Informationen über Heilung in schriftlicher Form vorliegen zu haben, um sie besser studieren und sich darauf beziehen zu können. In gleicher Weise wird das Anschauen der Videos Ihnen das Gefühl vermitteln, als seien Sie direkt bei uns, nähmen an der Unterhaltung teil und lernten uns dadurch besser kennen. (Diese Gespräche wurden hochauflösend in HD aufgenommen.) Beide Versionen werden Ihnen lebensecht und hautnah vermitteln, was der Heilungsdienst alles beinhaltet und wie mächtig der Geist Gottes heutzutage im Bereich der Heilungen wirksam ist.

TEIL 1

Randy Clark interviewt Bill Johnson

Kapitel 1

Heilung nachjagen

Randy: Heute Abend interviewe ich Bill Johnson, einen Mann, der mich im Heilungsdienst sehr ermutigt hat. Ich weiß, dass alles, was Bill dabei zu sagen hat, Sie äußerst ermutigen wird – ob Sie diese Interviews nun auf DVD anschauen oder sie in unserem Buch nachlesen.

Bill, vielen Dank, dass du dir Zeit in deinem überladenen Terminkalender genommen hast, um an diesem Interview teilzunehmen, besonders zu so fortgeschrittener Stunde. Es ist hier etwa 23.30 Uhr. Wir sind in Baltimore (Maryland) bei der Konferenz „Stimme der Apostel" und kommen gerade aus einem wunderbaren Gottesdienst mit Heidi Baker. Ich weiß, dass du müde bist.

Bill: Ich bin froh, dieses Interview zu machen, Randy. Ich denke, dass es wichtig ist.

Randy: Ich weiß, dass es in unser beider Herzen ist, den nächsten Generationen Material zur Verfügung zu stellen, das sie für einen effektiven Dienst nutzen können. Wenn sie anhand dieser Interviews einige der geistlichen Prinzipien erlernen können, die du und ich durch langjährige Erfahrung – und manchmal durch Versuch und Irrtum – gelernt haben, können sie mehr Menschen effektiver und schneller dienen.

Um zu beginnen: Das Erste, was ich dich fragen möchte, Bill, ist, wie deine Lebensgeschichte war. Wie kam es, dass du anfingst, diesen Ruf, diese Last zu spüren, für die Kranken zu beten? Was hat Gott da getan? Gab es irgendwelche Erfahrungen oder Umstände, die dir einfallen und die mit diesem Ruf zu tun haben?

Bill: Ich bin in einem Elternhaus aufgewachsen, in dem wir an Heilung glaubten; in unserer Gemeinde war es üblich, für die Kranken zu beten. Ich kann mich nicht daran erinnern, dass dabei jemals jemand geheilt worden wäre; es war eher so, dass wir daran glaubten, also taten wir es. Aber ich erinnere mich nicht daran, dass ich eine Erwartungshaltung gehabt hätte, dass tatsächlich etwas geschehen würde. Normalerweise hatten wir sogar Angst, Menschen hinterher zu fragen, ob sich etwas durch die Gebete verändert hatte. Und wenn wir es doch taten, sahen wir nie ein Ergebnis.

Dennoch war in meiner DNA ein Glaube verankert, dass Heilung geschehen könnte. Damit bin ich aufgewachsen; meine Familiengeschichte verkörpert dies sehr stark. Auch wenn Heilungen anscheinend nicht geschahen, als ich heranwuchs, erinnere ich mich doch daran, dass Geschichten über Heilungen, die in einer vorangegangenen Generation stattgefunden haben, erzählt worden sind. Wahrscheinlich hat das eine große Rolle in meinem Leben gespielt, da dadurch ein Samen in mich hineingelegt wurde. Ich wusste, dass Heilungen nicht nur vor zweitausend Jahren oder in Übersee wie in Afrika, Brasilien oder anderswo stattgefunden hatten. Auch wenn dies viele Jahre zurücklag, wusste ich, dass sie hier in den Vereinigten Staaten geschehen waren.

Und ich wurde einfach hungrig danach. Wenn du immer wieder die Evangelien liest, stellst du fest, dass Heilung immer dazugehört – man findet Heilung praktisch auf jeder Seite. Irgendwann kommt der Zeitpunkt, dass du dich damit auseinandersetzen musst. Entweder zeigst du dem Ganzen die kalte Schulter und denkst: *Das ist einfach nicht für mich und gilt nicht mehr für diese Zeit.* Oder ist es deine Pflicht, dem Thema Heilung nachzugehen und mehr darüber herauszufinden. Ich habe zu mir selbst gesagt: *Ich gebe vielleicht ein schlechtes Beispiel ab, aber es ist ziemlich deutlich, dass wir Heilung wirken sollten.*

Ich erinnere mich an einen der wichtigsten Auslöser für mich. Jemand gab mir einige Bücher von John G. Lake. Inzwischen kann man seine Bücher in einem großen Sammelband erwerben, den Roberts Liardon zusammengestellt hat. Damals waren es einfache Broschüren, und die haben in mir wirklich alles auf den Kopf gestellt, denn als ich sie las, wurde mir klar: *Das ist extrem.* Und es hat solch einen Appetit in mir angeregt, dass ich es einfach nicht mehr aushalten konnte. Es war dann so, dass ich mir während der Gottesdienste Zeit nahm, um mich in Worten der Erkenntnis zu üben. Es gelang mir nicht allzu gut, aber ich tat mein Bestes. Was immer mir in den Sinn kam, sprach ich in Form eines Aufrufes aus. Anschließend beteten wir für die angesprochenen Menschen, aber noch immer schien nichts zu passieren.

1987 besuchte ich zwei John-Wimber-Konferenzen. Die eine stand spezifisch unter dem Thema Heilung, während die andere ein anderes Thema hatte. Dort geschah etwas mit mir. Ich empfing kein einziges Mal Gebet, auch prophezeite niemand über mich *Du hast eine Heilungssalbung* oder etwas in der Art. Nie zuvor hatte ich solch eine Erfahrung gemacht. Ich war einfach nur unzufrieden damit, dass ich ein Evangelium ohne Heilungen lebte, obwohl Jesus etwas anderes vorlebte. Und das stellte einfach alles in mir auf den Kopf. Weiterhin war ich als Pastor tätig, streckte mich nach Heilungen in Versammlungen aus und es geschah immer noch nichts. Trotzdem strebten wir weiter nach Heilung, weil wir glaubten, dass es richtig war.

Die Heilungskonferenz war auf der einen Seite wunderbar, auf der anderen Seite aber auch frustrierend. Wunderbar wegen der Dinge, die ich geschehen sah. Frustrierend war, weil es die einzige Konferenz war, die ich bis dahin besucht hatte, auf der alles, was ich an Lehre hörte, von mir selbst bereits einmal gelehrt worden war. Es war merkwürdig, da sogar einige derselben Illustrationen benutzt wurden, die ich eigentlich als meine eigenen ansah! Das musste wohl von Gott so arrangiert worden sein. Es war auch frustrierend, weil ich keinerlei Beweise für das hatte, was ich glaubte. Ich hatte keinerlei Frucht. Ich glaubte an Heilung, also lehrte ich darüber, aber trotzdem passierte nichts. Offensichtlich war nicht die Lehre an sich die Ursache dafür. Ich kam von der

Konferenz mit der Überzeugung zurück, dass ich dazu verpflichtet war, Frucht für das zu suchen, was ich glaubte.

Es reichte mir nicht, nur eine gute Theologie zu haben und wie üblich für Menschen zu beten. Wenn ich etwas las, wurde ich dadurch sehr ermutigt. Dann haben wir eine Zeit lang treu für Menschen gebetet, nur um uns dann wieder abzukehren, wenn nichts passierte. Ziemlich bald war es so, dass ich für niemanden mehr betete, es sei denn, ich wurde darum gebeten. Und dann habe ich wieder etwas gelesen oder etwas aus den Evangelien begeisterte mich, und ich habe mich wieder mehr nach Heilung ausgestreckt, aber dennoch geschah nichts.

Als ich von jener Wimber-Konferenz zurückkehrte, war mir klar, dass es nicht nur eine Option war – es gab keinen Weg mehr zurück. Heilung musste ein Teil von dem werden, wer wir waren. Noch immer gab es Höhen und Tiefen, aber ich hatte erkannt, dass es meine Pflicht war, Frucht für das einzufordern, was ich glaubte. Es ist schwierig, all das zu vermitteln, denn es fällt schwer zu beschreiben, was in einem vorgeht. Aber es fühlte sich etwa so an: *Warte mal einen Augenblick, ich muss mich doch nicht mit Fruchtlosigkeit zufriedengeben.* Die Folge davon ist, dass man in seinem Privatleben zu Gott schreit und in der Öffentlichkeit Risiken eingeht – und das war es. Mein erstes Wunder geschah in einem Ladengeschäft. Ich kannte den Inhaber und wollte diesen besuchen.

„Bill, ich werde in den Ruhestand gehen müssen“, teilte dieser mit. Er war erst in den Vierzigern. Er sagte: „Ich habe eine so schlimme Gelenkentzündung, dass ich meine Werkzeuge nicht mehr benutzen kann; noch nicht einmal die Kisten kann ich aus dem Regal heben.“

Der Laden war voller Leute, weshalb ich nicht mit ihm gebetet habe. Da ich nie zuvor gesehen hatte, dass etwas geschehen war, war mein Mut nicht allzu groß, für ihn zu beten. Dennoch trug ich eine gewisse Überzeugung in mir, da ich gerade von der Wimber-Konferenz zurückgekommen war. Deshalb kehrte ich am folgenden Tag in den Laden zurück, und es waren keine Kunden da. Dafür war ich wirklich dankbar. Der Inhaber erwähnte wieder seine Gesundheitsprobleme, und es schien, als würde Gott etwas nachhelfen, damit ich die Herausforderung annahm.

Ich sagte: „Dave, ich glaube, dass Gott dich heilen möchte. Dürfte ich für dich beten?"

„Na klar", antwortete er.

„Würdest du dich bitte hinsetzen?", bat ich ihn. Ich wusste nicht, wie ich vorgehen sollte, also legte ich einfach meine Hände auf seine Ellenbogen und Hände, und so gut ich nur konnte, bat ich Gott, ihn zu heilen. Ich gebot der Gelenkentzündung, ihn zu verlassen, und er fing an sich herumzubewegen. Der Mann wurde auf atemberaubende Weise völlig geheilt. Ich war schockiert! Er war schockiert!

Dies ist inzwischen einige Jahre her, 23 Jahre jetzt, und er spricht immer noch mit Freunden über diesen Tag, an dem Jesus ihn heilte. Zuerst dachte er, *ich* sei ein großer Heiler. Als ich einige Wochen nachdem er geheilt worden war in sein Geschäft kam und ihn fragte, wie es ihm gehe, antwortete er: „Du bist ein großer Heiler."

Man kann von der Welt nicht erwarten, dass sie eine gute Theologie hat, so verdreht wie wir selbst manchmal sind. So ließ ich ihn einfach reden. Dann erwiderte ich: „Vielen Dank, Dave. Ich weiß, dass du mich ermutigen möchtest und mir Komplimente machen willst, und das weiß ich zu schätzen. In Wirklichkeit aber ist es der Heilige Geist, der diese Gaben, die Jesus hat, Menschen gibt, und er ließ mich eine an dich weitergeben. Und das geschah, weil wirklich Jesus den Laden betreten hatte."

Als ich ihn das nächste Mal danach sah, fing er schon wieder an: „Bill, du bist ein großer ...", aber hielt dann inne. „Jesus hat mich besucht", sagte er stattdessen.

Daves Heilung war wirklich ein Moment des Durchbruchs für uns, weil ich nun erlebt hatte, dass es wirklich geschehen konnte. Und direkt danach fingen wir an, mehr zu sehen. Ich hatte solch einen Hunger nach Heilung, dass ich zum Beispiel einen Kurs über Heilung gab. Ich begriff: *Ich muss etwas unternehmen, um ein größeres Momentum für einen Durchbruch zu erzeugen.* Wir nutzten dafür das Lehrmaterial von John Wimber, Mario Murillo sowie Charles und Francis Hunter. Dieses Material war so breit gefächert, wie es nur sein konnte. Wir gebrauchten es und ahmten sie nach. Wenn sie etwas Bestimmtes praktiziert haben, haben wir es ihnen genau nachgemacht. Die Hunters streckten zum Beispiel ihre Arme aus, also haben auch wir unsere Arme ausgestreckt. Wimber hat es auf seine Weise gemacht, und Mario sprach Worte der Erkenntnis aus. Buchstäblich befanden sich zwanzig von uns in einem Raum und schauten diese Leute auf Video an. Anschließend sagte ich: „Also, lasst uns genau das machen, was sie machen." Wir standen auf und ahmten sie nach, und wir fingen an, Durchbrüche in der ganzen Gemeinde zu sehen.

Es war ansteckend, denn niemals war es nur ich. Bei jedem fing es an, bei allen Leuten in der Klasse. Daraus wurde eine Kleingruppe (Hauskreis), die wie eine Speerspitze voranging. Es war wundervoll, und alles hatte damit begonnen, dass ich in den Evangelien etwas entdeckt hatte, was ich selber nicht erlebte. Also suchte ich nach etwas, das ein Feuer in mir entzünden könnte. Ich hatte aber keine Ahnung wie. Ich wusste nichts über die Weitergabe einer übernatürlichen Befähigung zu heilen (Impartation). Als ich dann John G. Lake las, wurde etwas in mir entzündet. Mit den Besuchen der John-Wimber-Konferenzen, wobei ich sah, dass die Sache tatsächlich funktionierte, entstand in mir Hoffnung, dass ich Heilung noch zu meinen Lebzeiten erleben könnte, dass ich die Frucht von dem sehen könnte, wofür ich glaubte.

Randy: Siehst du darin eine Bedeutung, dass dein erstes Wunder nicht in der Gemeinde geschah, sondern bei einem Menschen, der verloren war? Oder war das nur ein Zufall? Hast du, nachdem du von der Konferenz zurückgekommen warst, geübt, indem du für Menschen in der Gemeinde gebetet hast, aber immer noch keine Heilungen erlebt? Ich möchte sichergehen, dass ich alles richtig wiedergebe: Die erste Heilung passierte bei einem Mann, der verloren und außerhalb der Gemeinde war, nicht bei dem ersten Menschen, für den du nach deiner Rückkehr gebetet hast?

Bill: So ist es. Die erste Heilung geschah an einem öffentlichen Ort bei einem verlorenen Mann, nicht bei jemand, für den wir in der Gemeinde gebetet haben.

Randy: Hat das deiner Meinung nach irgendeine Bedeutung – oder war das eine zufällige Sache?

Bill: Ich denke, dass das enorme Bedeutung hatte, und es hatte gewaltige Auswirkungen darauf, wie wir jetzt leben. Hier noch etwas Hintergrundinformation: Die Gemeinde *war* stark in Anbetung, extrem stark. Sie war sehr gesund und hatte eine ausgeprägte prophetische Kultur entwickelt. Wir waren daran gewöhnt, dass skurrile Dinge in der Öffentlichkeit geschahen, wenn wir dort jemand mit Gebet oder prophetisch gedient haben. Als dann das Wunder geschah, war das die Krönung. Wir wussten einfach, dass all das außerhalb der Gemeindemauern stattfinden musste.

Ich denke, dass Gott das alles arrangiert hat. Ja, daran habe ich überhaupt keinen Zweifel, denn dadurch, dass das passierte, wurde die Priorität in mich hineingepflanzt, es in erster Linie außerhalb der Gemeinde zu tun. Und *dann* fingen wir an, diese Dinge auch in der Gemeinde zu erleben.

Randy: Du musst sehr begeistert gewesen sein. Das alles spielte sich in Weaverville, oben in den Bergen ab, richtig?

Bill: Ja, in Weaverville. Zum damaligen Zeitpunkt war ich dort schon seit neun Jahren Pastor und habe Höhen und Tiefen beim Gebet für Kranke erlebt. Ich wollte Heilung ernsthaft nachjagen und wurde entmutigt, jagte ihr erneut nach und wurde wiederum entmutigt. Schließlich ging es mit dieser Heilung los! Ich konnte es nicht fassen. Ich erinnere mich, wie ich für einen weiteren Mann auf der Straße betete, der stark humpelte, und schaute einfach dabei zu, wie Gott ihn berührte. Kurz darauf betete ich im Krankenhaus für einen Verwandten dieses Mannes, der gerade erst eine Begegnung mit Gott gehabt hatte. Wir fingen einfach an, dem nachzujagen. Es war wunderbar.

Randy: Nachdem du persönlich den Durchbruch erlebt hattest, ging es da bei anderen auch schnell los?

Bill: Wie bereits erwähnt, hatten wir ja diesen Kurs mit ungefähr zwanzig Menschen, und so haben wir alle das Gleiche gelernt. Wir haben alle erkannt, dass wir von nichts eine Ahnung hatten, und deshalb haben wir diese Videos angeschaut und einfach alles nachgemacht. Dann haben wir es von dieser Gruppe in die Gemeinde transportiert und dasselbe wiederholt.

Ein Mann hatte eine schwere Rückenverletzung. Er konnte sich weder nach vorne beugen noch einen Stuhl oder etwas anderes hochheben. Er war ein großwüchsiger Gewichtheber, der völlig außer Gefecht gesetzt war. Er musste ständig liegen und stand die ganze Zeit unter großen Schmerzen. Nachdem unser Kurs begonnen hatte, gab es eine solch schwungvolle Dynamik, dass unser Kleingruppenleiter ihn anrief und zu ihm sagte: „Don, du musst diese Woche kommen. Du wirst geheilt werden."

Don kam und wurde tatsächlich geheilt. Am nächsten Tag spaltete er sieben Ster (Kubikmeter) Holz. Wenn Sie das jemals gemacht haben, wissen Sie, dass dies selbst einen gesunden Rücken strapaziert!

Diese neue Heilungsdynamik breitete sich auch in der Gemeinde aus. Ich möchte noch Folgendes ergänzen: Nachdem wir von der John-Wimber-Konferenz zurückgekommen waren und angefangen hatten, für Menschen in der Gemeinde zu beten, fingen diese auch an, zu Boden zu fallen. So etwas hatten wir vorher noch nicht erlebt; das heißt, ich hatte so etwas schon gesehen, aber nicht, wenn ich für Menschen gebetet hatte. Nun passierte also auch das, und so wuchs die Begeisterung unter uns, weil wir wussten, dass Gott am Wirken war.

Randy: Ich möchte nochmals nachhaken: Bevor du nach Anaheim gefahren bist, um John Wimber zu treffen, hast du als Pastor in deiner Gemeinde in Weaverville keine Menschen umfallen sehen. Erst als du danach in deine Gemeinde zurückkamst, fingen sie an umzufallen, als du für sie gebetet hast, richtig? Du hattest vorher nicht über das Umfallen im Geist gesprochen, sodass niemand behaupten konnte, dass die Kraft der Suggestion dahinterstünde – sondern es war ein neues Phänomen, nicht wahr? Denkst du, dass es eine Art Salbung war, die sich deswegen manifestierte, weil du in den Gottesdiensten von John Wimber warst?

Bill: Es muss wohl so gewesen sein. Wir waren verändert, als wir zurückkehrten. Und das, obwohl es auf der Konferenz kein Gebet für die Übertragung[1] der Salbung gab. Wenn ich heute über Gabenübertragung lehre, spreche ich über die Wichtigkeit des Handauflegens. Aber es gibt auch etwas, was man in einem Raum empfangen kann, ohne dass einem die Hände aufgelegt werden, wenn man nämlich gelernt hat, für die Gnade(ngaben) empfänglich zu sein, die von einem Menschen durch seinen Dienst ausgeht. Es gibt verschiedene Wege, wie man eine Gabenübertragung empfangen kann. Man kann sie auch in einer Versammlung empfangen, und genau das ist uns passiert. Wir hatten keine Ahnung von all dem, auch nicht von dieser Lehre der Übertragung geistlicher Befähigungen. Als wir zurückkamen, war es dann aber so, dass Dinge passierten, die keiner von uns je zuvor in unserem Dienst gesehen hatte. Tatsächlich war es so, dass die Gemeinde, als ich dort 1978 als Pastor anfing, aus der wohl geistlich *unbegabtesten* Gruppe von Leuten bestand. Zu jener Zeit war alles ganz anders. Es waren zwar wundervolle, liebenswerte Menschen, aber sie hatten überhaupt keine Geistesgaben. Es war also ein schwieriger Kampf, aber wir kamen langsam in Fahrt. Der prophetische Dienst war stark, und in der Anbetung lernten wir, dass die Dinge in der Salbung, in der Gegenwart Gottes zu finden waren.

Als Menschen anfingen umzufallen, also ihr Gleichgewicht verloren, dachten wir: *Wow, so etwas haben wir noch nie erlebt!* Aber jeder von uns, der bei der Konferenz von John Wimber war, erlebte das jetzt. Wir hatten einfach etwas mitgenommen.

Randy: Das ist aufregend. Mir scheint, dass es da einige Parallelen zwischen meinem und deinem Leben gibt, und zwar viel mehr, als ich bisher bemerkt habe!

---

[1] Engl. „impartation"; damit ist gemeint, dass geistliche Gaben oder Fähigkeiten von einer Person an eine andere weitergegeben werden, so wie Timotheus etwas von Paulus empfing: *„Um dieser Ursache willen erinnere ich dich, die Gnadengabe Gottes anzufachen, die in dir durch das Auflegen meiner Hände ist"* (2 Tim 1,6). Im weiteren Verlauf des Buches mit „Gabenübertragung", „Gabenweitergabe" oder „Gabenfreisetzung" wiedergegeben. Anmerkung des Herausgebers.

KAPITEL 2

Wachstumsschübe im Bereich Heilung

Randy: Die zweite Frage, die ich dir stellen möchte, Bill, betrifft dein enormes persönliches Wachstum. Es war ungefähr 1998, als ich das erste Mal in deine Gemeinde kam, somit kennen wir uns schon über ein Jahrzehnt. Seit dieser Zeit konnte ich beobachten, dass du gewaltige Fortschritte gemacht hast, was für mich eine große Ermutigung war. Was, denkst du, hat dieses Wachstum ausgelöst? Gibt es etwas Besonderes, was du über Heilung gelernt hast, weil du in diesem Bereich so stark gewachsen bist? Meiner Meinung nach hängt ein Teil deines Wachstums nicht nur von der Zunahme der Salbung oder Begabung ab; es liegt an einer größeren Klarheit darüber, wie man mit Gott zusammenarbeitet. Könntest du dazu etwas sagen?

Bill: Es begann 1987, als wir zur John-Wimber-Konferenz gingen, jedoch verloren wir in kürzester Zeit viel von dem, was wir gewonnen hatten, weil ich nicht wusste, wie ich das Feuer Gottes aufrechterhalten konnte. Ich war davon überzeugt, dass Gott uns alle im Heilungsdienst gebrauchen würde. Darüber hatte ich keinerlei Zweifel. Dennoch büßten wir etwas von unserem Gespür für die Gegenwart und Kraft Gottes ein. Ich konnte auf die Zeit in Anaheim zurückschauen und erkennen, dass dort etwas geschehen war, obwohl niemand für mich gebetet hatte. Ich hatte mich nicht für Gebet angestellt, sondern war einfach nur da und habe beobachtet. 1995, auf meinem Weg nach Toronto, sagte ich dann zum Herrn: „Gott, wenn du mich wieder auf die Art wie damals berührst, werde ich nie mehr das Thema wechseln.[1]

Was ich mit der Bemerkung „das Thema wechseln" sagen wollte, war, dass ich im Nachhinein erkennen konnte, dass ich mir einen Schnitzer erlaubt hatte. Ich hatte zugelassen, dass ich von dem geprägt wurde, was nicht geschah, statt von dem motiviert zu werden, was geschah. So schloss ich mit dem Herrn einen Bund, im Flugzeug war das, glaube ich. Ich versprach: „Ich werde nie mehr das Thema wechseln, wenn du mich noch einmal berührst."

In Toronto ging ich jedes Mal zum Gebet nach vorne. Sie hätten sogar einen vorgetäuschten Altarruf geben können und ich wäre trotzdem nach vorne gegangen. Ich empfing so häufig wie nur möglich Gebet. Das hatte einen großen Einfluss auf mich, auch wenn ich keine speziellen Erlebnisse hatte. Aber ich stellte mich wie jeder andere auch in die Gebetsreihen, damit mir jemand die Hände auflegen würde. Ich kehrte dabei mit der Gewissheit nach Hause zurück, dass ich genau das gesehen hatte, was ich sehen wollte. Gott berührte mich, und Frieden kam auf mich herab. Es war nichts Dramatisches, aber dennoch wunderbar – es war einfach seine herrliche Gegenwart. Ich sagte ihm: „Alles klar, das ist es. Du hast den Rest meines Lebens. Ich werde das Thema nie mehr wechseln!"

Das war der tatsächliche Start, denn von dem Zeitpunkt im Jahr 1995 an, als ich zu Hause ankam, bin ich niemals wieder auch nur ein bisschen von dem abgewichen, wozu Gott mich berufen hat und womit er uns alle beauftragt hat. In der Gemeinde erlebten wir wieder, dass Dinge passierten. Es geschah allmählich; es begann im Februar und etwa im März oder April, dass wir einen beträchtlichen Durchbruch erlebten. Im August hatten wir einen ungewöhnlichen Durchbruch. Wir hatten einen Gottesdienst, in

[1] In diesen Interviews beziehen sich alle Angaben bezüglich „Toronto" auf die Gemeinde in Toronto, Kanada, die eine gewaltige Ausgießung des Heiligen Geistes erlebte, die im Januar 1994 begann, als Randy Clark dort eine viertägige Veranstaltung auf Wunsch der Pastoren John und Carol Arnott abhielt. Diese Versammlungen setzten sich daraufhin sechs Abende pro Woche über zwölf Jahre fort. Diese Ausgießung des Heiligen Geistes, die als der „Torontosegen" bekannt ist, wird als eine der größten Erweckungen des zwanzigsten Jahrhunderts angesehen.

dem die Gegenwart Gottes so stark war, dass ich mir nicht traute zu sprechen. Überall im Raum tat Gott Dinge. Ich wusste, dass ich dies zerstören könnte. Alles, was Gott mir zu tun erlaubte, war, gelegentlich eine Richtungsweisung zu geben – mehr nicht. Das war ein Moment des Durchbruchs.

Im Oktober desselben Jahres fiel der Geist Gottes in unserer Gemeinde ebenso kraftvoll wie in Toronto. Überall lagen Menschen am Boden und wir erlebten eine nachhaltige Ausgießung des Geistes. Das Samenkorn war bereits im Februar gelegt worden, aber ein nötiges Maß an Reife bzw. einen Aufbruch erlangten wir erst im Oktober. Von diesem Zeitpunkt an war es nicht mehr aufzuhalten. Wir erlebten eine ununterbrochene Ausgießung des Geistes und sahen zu, dass diese Ausgießung am Leben blieb. Sicher kennen Sie die Verse, in denen Gott darüber spricht, wie das Feuer auf dem Altar angezündet werden sollte, und dass die Priester es am Brennen halten sollten (vgl. 3 Mose 6,13 f.). Auch wenn mir zu jenem Zeitpunkt dieses Prinzip nicht bewusst war, pflegte ich einen dementsprechenden Lebensstil, denn ich wusste, es war an mir, das Feuer am Brennen zu halten, indem ich beständig Opfer auf den Altar legte. (Mit Opfern beziehe ich mich in diesem Zusammenhang darauf, dass wir uns selbst als lebendiges Opfer Gott ausliefern, was bedeutet, dass wir alles, worum er uns bittet, mit Bereitwilligkeit tun.)

Im darauffolgenden Februar wurde ich Pastor der Bethel Church in Redding, Kalifornien. Ich kam mit dem Auftrag, Erweckung in diese Gemeinde zu bringen, und diese fing gleich an einem Sonntagabend an. Ich lud jeden ein, nach vorne zu kommen, und ich lud den Geist Gottes ein, zu kommen. Von den Hunderten, die vorne am Altar standen, fiel der Geist auf eine Frau. Ich schaute meine Frau Beni an, sie schaute mich an, und wir sagten zueinander: „Jetzt haben wir's. Nichts kann das mehr aufhalten."

Uns war klar, dass wir diesen Riss im Damm brauchten, und so ist es passiert. Von dem Moment an explodierte es förmlich. Wir hatten auf einmal souverän gewirkte Heilungen. Menschen kamen nach vorne und sagten: „Mein Tumor ist verschwunden!" (Ich mache an dieser Stelle einen klaren Unterschied zwischen „souverän gewirkten Heilungen" und den Heilungen, die wir im Heilungsdienst sehen können. Souverän gewirkte Heilungen passieren ohne unser Zutun –

wenn in der Atmosphäre von Gottes manifester Gegenwart Wunder geschehen. Der Heilungsdienst ist in gewisser Weise mehr von uns abhängig: Wir geben zum Beispiel ein Wort der Erkenntnis, legen den Kranken die Hände auf oder ordnen sogar prophetisch etwas über ihnen an, was dann das Wunder für ihren Körper freisetzt.)

Ungefähr zu dieser Zeit, 1997, flog ich nach St. Louis, um dich zu treffen. Ein Mann namens Rick Stivers hat diesen Termin vereinbart, damit wir miteinander sprechen konnten. Dir war es möglich, während einer sehr eng geplanten und hektischen Konferenz eine Viertelstunde freizuräumen.

Randy: Ich habe dieses Treffen noch genau vor Augen! Ich erinnere mich, dass ich an einen Tisch ging, mich daneben niederkniete und mit euch gesprochen habe.

Bill: Vor dieser Begegnung hatten wir gerade sechs Fälle innerhalb von acht Wochen gehabt, bei denen Menschen von Krebs geheilt wurden oder Tumore einfach verschwunden sind. Ich sprach mit Rick darüber und sagte zu ihm: „Ich möchte unbedingt Randy treffen."

Rick erzählte mir, dass er versuchen wollte, diese Begegnung zustande zu bringen. Deshalb rief er dich an und konnte uns ein bisschen Zeit verschaffen. Ich flog nach St. Louis, wir nahmen an einer Konferenz teil und ich bekam diese fünfzehn Minuten mit dir am Tisch. Gleich im Anschluss an unser kurzes Gespräch musstest du zu einem weiteren Treffen. Ich berichtete dir, was wir in Redding erlebten. Du sagtest, du würdest kommen, was du dann auch vier oder fünf Monate später getan hast. Bei deinem Besuch erlebten wir ja dann den gewaltigen Durchbruch. Bis dahin geschah jede oder jede zweite Woche mal eine Heilung. Menschen wurden von Gott berührt, was wunderbar war. Wir sahen Befreiungen und vieles andere. Aber als du kamst, steigerte sich die Zahl von wöchentlichen bis hin zu täglichen Heilungen. Wenn man alle Personen zusammenzählt, wurde fast stündlich jemand geheilt! Es explodierte. In den vier Tagen, die du bei uns warst, wurden über 400 Leute geheilt. In einer Veranstaltung allein waren es 129. Das waren die meisten Heilungen, die du bis dato in Nordamerika an einem Ort in einem Gottesdienst gesehen hattest.

Während dieser Freisetzung, dieser Explosion geschah etwas mit uns. Ich erinnere mich, dass du über uns gebetet und uns die Hände aufgelegt hast. Mir fiel dabei auf, dass sich etwas in der Umgebung veränderte, sodass die ganze Gemeinde es empfing – es geschah einfach. Etwa ein halbes oder ein Jahr später luden wir dich nochmals ein, und es war wieder genau das Gleiche. Aber dein erster viertägiger Besuch hatte etwas in uns hineingelegt. Es wurde nicht auf uns gelegt; es wurde *in uns hineingelegt*. Bei uns war bereits einiges in Bewegung gekommen, aber als du dann kamst, war es, als würde Öl aufs Feuer gegossen. Du kamst und gabst etwas an uns weiter, was einfach explodiert ist. Und wir sind seitdem nie mehr zum Alten zurückgekehrt, nie mehr.

Randy: Von all den Orten, wo ich gedient habe, Bill, erinnere ich mich nur an drei Gemeinden, wo etwas Ähnliches passiert ist. Eure Gemeinde war die erste, Henry Madavas Gemeinde in der Ukraine war die zweite und Tom Jones' Gemeinde war die dritte. Jede dieser drei Gemeinden hat eine gemeinschaftliche Salbung empfangen, die alles überstieg, was sie bisher erlebt hatten, und auch sie sind nie wieder zum Alten zurückgekehrt. Es war auch ein souveränes Eingreifen Gottes, denn ich habe genau dasselbe gelehrt, was ich in anderen Gemeinden, die ich besuchte, gelehrt habe. An jenen drei Orten jedoch war es, als ob die richtige Mischung an Voraussetzungen dagewesen wäre. Ich glaube, es waren der Hunger und das Verlangen in den Pastoren und den Schlüsselpersonen in der Leiterschaft. Auch denke ich, dass es Gottes souveräne Erwählung war. Damit will ich die Verantwortung des Menschen, in rechter Weise zu reagieren und die Initiative zu ergreifen, nicht kleinreden – wir tragen die Verantwortung, mit Gott zu kooperieren. Dennoch gibt es manchmal etwas, wo Gott von oben herabschaut und sagt: „Das werde ich gebrauchen." Und dann beginnt er sich um die Einzelheiten zu kümmern, um einen Menschen bereit zu machen. Ich glaube, dass in Henrys, in Toms, in deinem und in meinem Leben dieses souveräne Eingreifen Gottes eine Rolle gespielt hat.

Bill: Du hast recht. Zu jener Zeit war Cal Pierce bei uns. Er war total gelangweilt in seiner Rolle im Vorstand der Gemeinde und hatte schon Pläne, die Gemeinde zu verlassen. Er war bereits seit 25 Jahren Mitglied gewesen und ihm gefiel nicht, was ablief. Als diese Erweckung in unserer Gemeinde durchbrach, lud ich zu einem Ältestentreffen ein. Cal folgte dieser Einladung, immer noch mit der Absicht, die Gemeinde zu verlassen. Ich lud den Geist Gottes ein zu kommen, und Gott suchte sich gerade Cal aus. Gottes souveräne Wahl, du weißt schon! Und jetzt leitet Cal die weltweite Bewegung der Heilungsräume. Es geschah in dieser Zeit und durch Gottes souveräne Wahl. Ich sah, wie Gott von einem Mann Besitz ergriff. In dieser Weise habe ich das weder vorher noch nachher wieder gesehen. Diese souveräne Auswahl Gottes ist eine gewaltige Angelegenheit.

Randy: Ich weiß noch, dass John Wimber uns beibrachte: „Wenn du eine Gemeinde gründest, achte auf die Menschen, die diese gewaltigen Heimsuchungen Gottes erleben, denn wahrscheinlich wird Gott sie stark gebrauchen. Habe einfach ein Auge darauf."

Natürlich wissen wir beide, dass da ein großer Unterschied besteht, ob jemand diese souveräne Heimsuchung Gottes tatsächlich erfährt oder ob jemand solch eine Heimsuchung, die er bei jemand anderem gesehen hat, versucht nachzumachen. Also muss man unterscheiden, ob es Gott ist oder nur eine Anstrengung im Fleisch …

Erzähl uns noch mehr darüber, wie du gewachsen bist, und über die Dinge, die du gelernt hast.

Bill: Ein Schlüsselvers, der unsere Herzen während dieser Zeit wirklich traf, war, dass Jesus nur das getan hatte, was er den Vater hatte tun sehen, und nur das gesagt hatte, was er den Vater hatte reden hören (vgl. Joh 8,28 f.). Dennoch diente Jesus der Frau, die sein Gewand berührte, und auch der phönizischen Frau, die zu ihm kam. Er war nicht darauf vorbereitet, ihnen zu dienen, aber als er ihren Glauben sah, tat er es. Das zeigt mir, dass einer der Wege, wie Jesus lernte, was der Vater tat, war, die Reaktion der Menschen zu beobachten, die zu ihm kamen. Das trug dazu bei, dass er erkannte, wann der Vater etwas vorhatte. Ich möchte natürlich vom Herrn hören und vom ihm geleitet werden, aber mir wird klar, dass er mir nicht alles direkt gibt. Auch bei Jesus hat der Vater dies nicht immer getan. Einiges wurde erst durch den Hunger, das Verlangen, den

Glauben der Leute herbeigeführt. Jesus sah daran etwas und verstand: Der Vater ist da am Wirken. Zu diesem Prozess gehört für mich auch, dass man lernt, wie man erkennt, dass der Geist Gottes in einem Menschen arbeitet, wie man hört, was Gott sagt, und wie man erkennt, dass Glauben im Herzen einer Person ist.

Ich erinnere mich an diese junge Frau, die auf mich zukam mit den Worten: „Heute Abend ist mein Abend."

Mir ist klar, dass du schon tausend Leute hattest, die das zu dir gesagt haben, Randy – ebenso wie zu mir –, und ich möchte mich immer mit ihnen eins machen. Aber bei ihr war es anders. Als sie auf mich zukam, habe ich ihren Glauben körperlich *gespürt*. Ich weiß nicht, wie ich es beschreiben soll. Ich war so schockiert, dass ich einen Schritt zurücktrat und herauszufinden versuchte, was bei ihr anders war. Du kennst Hebräer 5,14, wo steht, dass wir geübte Sinne haben sollen zur Unterscheidung des Guten und des Bösen. Ich war so sehr von ihrem Glauben überwältigt, dass ich sie nicht nur mit meinen Augen, sondern mit all meinen Sinnen anschaute. Ich betrachtete sie mehrere Male von Kopf bis Fuß, denn ich wollte nie mehr vergessen, was ich sah. Ich wusste nicht, ob ich irgendwas mit meinen Augen sehen würde, aber ich dachte, dass ihr Glaube auf irgendeine Weise tiefe Spuren in mir hinterlassen könnte, so überwältigend war es für mich.

Sie teilte mir ihren gesundheitlichen Zustand mit. Eine Maschine pumpte fortwährend medizinische Flüssigkeiten in ihr Herz. Sie konnte höchstens *vier Minuten* ohne die Medikation, die die Flüssigkeiten enthielten, überleben. Jeden Morgen um sieben Uhr musste sie den Beutel wechseln. Sie bat mich: „Würdest du für mich beten?" So legte ich meine Hände auf sie und sie fiel zu Boden. Zwanzig Minuten später stand sie wieder auf und ich fragte sie: „Wie geht es dir?"

Sie sagte: „Da brennt es wie Feuer in meinem Brustkorb."

Ich erwiderte: „Das hat dein Glaube bewirkt."

Sie verließ die Versammlung, um die mehrstündige Rückfahrt anzutreten. Am nächsten Abend tauchte sie mit der Hälfte ihrer Gemeinde bei unserer Veranstaltung wieder auf. Sie gab Zeugnis: „Als ich heute Morgen aufstand und den Beutel mit den Medikamenten wechselte, sagte der Herr zu mir: ‚Den brauchst du jetzt nicht mehr.' So habe ich den neuen Beutel wieder abgemacht."

Wenn man nur vier Minuten hat, um herauszufinden, ob man wirklich von Gott gehört hat oder nicht, weißt man, dass das Glaube ist! Der Herr hatte sie geheilt. Das ist ein wichtiger Punkt, dass wir lernen, den Glauben in anderen zu erkennen. Der Apostel Paulus konnte es. Er sah, dass der Lahme in Apostelgeschichte 14 den Glauben hatte, geheilt zu werden (vgl. V. 8f.). Dass ich das besser erkennen kann, ist einer der Bereiche, an denen ich arbeite. John Wimber war so gut darin – und du bist ja auch schon erstaunlich –, sich in einer Menschenmenge umzuschauen und zu erkennen, wo der Geist Gottes Menschen berührt, und dabei über die offensichtlichen Manifestationen hinauszusehen. Ich erlebe in diesem Bereich zu einem gewissen Maß einen Durchbruch.

Eine weitere Art und Weise, wie Gott mit mir arbeitet, ist durch inspirierte Gedanken. Randy, du bekommst viele Worte der Erkenntnis, bei denen du etwas fühlst, und zwar mit einer gewissen Intensität oder Dringlichkeit, was mich wirklich verblüfft. (Das bedeutet, dass man in seinem eigenen Körper ein intensives Gefühl wahrnimmst, das einem zeigt, was Gott gerade heilt. Je stärker es ist, desto mehr Menschen werden geheilt bzw. desto dringender wird das Wunder benötigt. Das habe ich bei dir beobachtet.) Ich kann sehen, wenn es geschieht, und kann im Vorhinein sagen, dass da mehrere Menschen mit derselben Krankheit sind. Das erlebe ich selbst gelegentlich, aber es ist nicht das häufigste. Was mich angeht, empfange ich göttlich inspirierte Gedanken – oder seltener sehe ich ein Wort. Ich erinnere mich, dass es in einer Versammlung im ganzen Raum chaotisch zuging – überall geschah Dienst, wie er uns gefällt. Ich wandte mich nach links, um zu sehen, was los war, und vor meinem geistigen Auge erschien das Wort *Tumor*. Genau in dem Moment, als ich es sah, sprach ich es aus – „Tumore" –, und in einem Schwung verschwanden aus den Körpern von fünf Menschen Tumore.

Auch habe ich herausgefunden, dass durch verzögerten Gehorsam – der eigentlich Ungehorsam ist – die Salbung immer weiter abnimmt, je länger man wartet, bis man schließlich gehorcht. Daraus möchte ich kein Gesetz machen, aber das ist mir passiert. Wenn ich nicht gleich auf einen Eindruck einging, sondern erst nach einiger Zeit etwas getan habe, war es nicht so kraftvoll. So habe ich mit der Zeit gelernt, einem Eindruck in der gleichen Sekunde Folge zu leisten, wenn es in diesem Moment angemessen ist. Gott zeigte mir in dem Augenblick etwas, als ich nur das Wort *Tumor* aussprach, denn bei fünf Menschen waren die Tumore einfach verschwunden. In einem Nu, keiner hat für sie gebetet; es dauerte nur so lange wie ein Fingerschnipsen, wie eine Handbewegung. Aber es geschah, als ich das Wort sah. So lerne ich also augenblicklichen Gehorsam.

Eine weitere Sache, die mich persönlich mit am meisten begeistert, ist, wenn Menschen ohne jegliches Gebet geheilt werden. Als ich dies das erste Mal in größerem Rahmen erlebte, war ich in Sydney in Australien. (Davor gab es nur ein oder zwei Fälle, bei denen mir das passierte.) Damals hatte ich kein Team mit dabei und war allein unterwegs. Ich war zum ersten Mal in jener Gemeinde und bereits vor der Veranstaltung schrieb ich zehn bis zwölf Worte der Erkenntnis nieder. Ich gab das erste bekannt, etwas mit einem Knie. Als ich den Mann ansah, der auf das Wort reagierte, war sein *Aussehen* einfach anders. Ich kann noch nicht einmal sagen in welcher Weise – da war kein Leuchten über ihm oder etwas in der Art. Er sah einfach nur anders aus. So sagte ich zu ihm: „Stehen Sie auf und überprüfen Sie Ihr Knie."

Das tat er und sagte gleich: „Es ist geheilt!"

Randy: Was das angeht, hast du mir so sehr geholfen, Bill. Weil ich es bei dir gesehen habe, tue ich das jetzt auch. Aber ich hätte es nicht getan, wenn ich es nicht an dir beobachtet hätte und du nicht mit mir darüber gesprochen und mich darin ermutigt hättest.

Bill: Ich kann eine Salbung dafür auf dir erkennen. Was du auf dir trägst, ist so mächtig. Die ganze Sache ist wirklich erstaunlich. Nach diesem ersten Mann dachte ich: *Ich gehe jetzt einfach die Liste mit den etwa zehn Worten der Erkenntnis durch, gebe eines nach dem anderen bekannt und bete dann für die Betroffenen.* Das hatte ich mir vorgenommen. Ich wollte all die Worte bekanntgeben und darauf achten, dass die Leute aktiv werden. Ich rief also das zweite Wort aus; es ging um eine Augenverletzung, meine ich. Ich schaute die Frau an, die ihre Hand dafür hob. Bis zum heutigen Tag kann ich dir nicht sagen, was es war, aber sie stach unter all den anderen im Raum regelrecht heraus. Ich sagte zu ihr: „Stehen Sie auf."

Ich habe herausgefunden, wenn wir Menschen dazu bewegen können, etwas zu *tun,* wie zum Beispiel aufzustehen oder sich in den Gang zu stellen – es muss nichts Ausgefallenes sein –, dass dies tatsächlich Glauben freisetzt. Wenn jemand zum Beispiel das Karpaltunnelsyndrom hat, fordere ich ihn auf: „Halten Sie Ihre Hand dreißig Sekunden hoch." Glaube bedarf einer Handlung.

Ich schaute also diese Dame an, und sie sah einfach anders aus. Sie stach aus der Menge heraus. Ich sagte zu ihr: „Überprüfen Sie Ihr Auge."

Ich ging dann die etwa zehn Worte der Erkenntnis eines nach dem anderen durch, und jeder Einzelne, der betroffen war, wurde geheilt. Keiner betete für sie.

Noch etwas, was ich bei dieser Versammlung zum ersten Mal erlebte, war, dass ich eine Krankheit bekanntgab und mehrere Leute betroffen waren. Wenn sich zum Beispiel jemand den Knöchel gebrochen hat, weise ich die Person nicht an, dass sie nun wegen des Glaubensprinzips herumlaufen sollte. Das mache ich nicht – man darf jemand keinem Risiko aussetzen, nur wegen eines bestimmten Prinzips. Aber es könnte sein, dass man sie aufgrund der Gegenwart Gottes (auf dieser Person) zu einem Wagnis auffordern muss. Ich mache also folgenden Aufruf: „Jemand ist hier, der seinen rechten Knöchel gebrochen hat, und der Herr möchte das heilen." Daraufhin heben drei Menschen ihre Hand. Ich schaue, und einer sticht heraus. Nicht alle drei; niemals alle drei, nur einer. Zu der Person sage ich dann: „Sie sollten geheilt sein. Treten Sie in den Gang und überprüfen Sie es." Und diese Person ist dann auch geheilt. (Ich glaube, dass Gott seine Liebe und Kraft in dieser Weise zeigt, um den Glauben von anderen, die im selben Raum sind, zu vermehren, besonders bei denjenigen, die dieselbe Not haben. Nachdem eine Person ohne Gebet geheilt wurde, fällt es den anderen viel leichter, Gott für ihr Wunder zu glauben, wenn wir dann für sie beten, was wir gleich im Anschluss tun.)

In manchen solcher Situationen habe ich sogar die Hand von Menschen ergriffen und zu ihnen gesagt: „Lauf los!" Dabei lasse ich ihnen keine Wahl; ich greife einfach ihre Hände. Aber so etwas mache ich *nur dann,* wenn ich die Gegenwart Gottes am Werk sehe. So etwas würde ich niemals wiederholen, nur weil es einmal funktioniert hat – man könnte jemanden damit verletzen. Jedoch habe ich mit der Zeit gelernt, die Gegenwart zu erkennen, die dann kommt, wenn die Kraft des Herrn gegenwärtig ist, um zu heilen. Das war immer aufregend und sehr ermutigend.

Randy: Wenn du die Gegenwart Gottes wahrnimmst, um einen Menschen zu heilen, wie funktioniert das? Ist es entweder das eine oder das andere? Entweder du siehst, dass etwas anders ist, oder du hast einen Eindruck, wenn du einen Menschen anschaust? Du hast es ja so ausgedrückt, dass eine Person für dich dann anders *aussieht*. Oder ist es manchmal auch so, dass du gar nichts Besonderes an der Person wahrnimmst, aber in dir selbst etwas geschieht? Oder gilt beides?

Bill: Manchmal trifft nur eines zu und manchmal beides. Manchmal nenne ich es die Gegenwart, aber hinterher, wenn ich nochmal Rückschau halte, erkenne ich, dass *Gott mir in jenem Augenblick eine Gabe des Glaubens geschenkt hat*. Ich glaube, dass die Gegenwart oftmals mit dieser Gabe kommt – ich spüre dann die Gegenwart und handle auch aus dieser Gegenwart heraus. Randy, du weißt ja, wie das ist. In solchen Momenten weiß man einfach, was man zu tun hat. Es ist, als hätte ich keine Zeit, darüber nachzudenken, und ich beeile mich und handle lieber, weil ich sonst Gefahr laufe, das abzuschwächen, was gerade da ist. Also, ich weiß einfach, was ich zu tun habe, und ergreife dann die Hand der Person und laufe mit ihr oder fordere sie auf: „Laufen Sie!" Oder ich sage: „Treten Sie in den Gang. Gut, jetzt hüpfen Sie mal!" Oder was immer gerade nötig ist. Du hast eine innere Überführung, was du tun sollst. Der Glaube ist die Überführung. So versuche ich auf alles zu achten, was mir in den Sinn kommt und mich überzeugt, und dann erkenne ich eine Richtung, in die ich gehen soll.

Einmal kam eine junge Frau auf mich zu, der ein Teil eines Beinmuskels fehlte. Sie hatte von mir ein Zeugnis über ein Wunder gehört, das während einer Zeltversammlung von Mahesh und Bonnie Chavda in Charlotte geschehen war. Sie sagte: „Mir fehlt derselbe Muskel, über den Sie gesprochen haben." Ich wollte ihr sagen, dass ich am Ende der Versammlung für sie beten würde, doch dann fügte sie noch Folgendes hinzu: „Und ich bin aus Minnesota."

Nun, Minnesota ist der Bundesstaat, wo das Wunder mit dem neuen Muskel zum ersten Mal geschah, und inzwischen ist es viele Male passiert. Diese beiden Dinge bei dieser Frau lösten etwas in mir aus und ich dachte: *Das reicht aus. Das ist die Sprache des Geistes, diese beiden Dinge. Das ist ein ungewöhnlicher Zufall.* Ich sagte zu ihr: „Gehen Sie jetzt mal zum hinteren Teil des Zeltes und kommen Sie dann wieder zu mir zurück." (Manchmal schließt die Sprache des Geistes ungewöhnliche Zufälle mit ein. Als sie „Minnesota" sagte, erkannte ich, dass Gott sie sofort heilen wollte und nicht erst am Ende der Versammlung. Der Grund dafür, warum ihre Antwort für mich herausstach, war die Tatsache, dass sich das ursprüngliche schöpferische Wunder mit dem fehlenden Muskel in Minnesota ereignet hatte. Der „Zufall" reichte aus, um in mir den Glauben für „jetzt" zu entfachen.)

Also ist sie irgendwie zum hinteren Teil des Zeltes gelaufen und als sie dann wieder zu mir kam, war ihr Muskel bereits nachgewachsen. Das Ganze geschah wegen dieses Auslösers bzw. Impulses, wodurch ich erkennen konnte, dass der Herr sie nicht nur heilen würde, weil er es halt gern macht. Es war mehr als das; er hob etwas Ungewöhnliches hervor. Er vollzog eine Demonstration vor all den Menschen.

Also ist es manchmal so, dass ich um die Gegenwart Gottes weiß, obwohl ich keine Veränderung auf einem Menschen sehe. Ich sah auch nichts Außergewöhnliches an dieser jungen Frau. Es wurde etwas in *mir* ausgelöst. Aber in anderen Momenten geschah nichts in mir. Es war weder eine Gewissheit noch die Gabe des Glaubens, nichts dergleichen. Wenn ich die Person ansah, stach sie für mich heraus, aber ich wusste nicht genau, was es mit dieser Person auf sich hatte, dachte jedoch auch nicht lange darüber nach. Vier Personen hoben zum Beispiel wegen einer bestimmten Krankheit ihre Hand, aber nur eine stach derart für mich heraus. Diese Person wurde für mich irgendwie hervorgehoben – und das nicht, weil ein besonderes Licht oder eine ungewöhnliche Manifestation auf der Person war. Ich habe niemals darüber nachgedacht, aber wahrscheinlich ist es einfach der Herr, der etwas hervorhebt, und vielleicht hebt er es nur für mich und keinen anderen im Raum hervor.

Randy: Gibt es noch weitere Dinge, die du in Bezug auf Heilung gelernt hast, die besonders hilfreich für dein Wachstum waren?

Bill: Deinem Vorbild zu folgen ist immer gut gewesen. Ich habe ständig beobachtet, wie du für Menschen betest und mit ihnen dabei immer im Dialog stehst und der Salbung folgst. Ich erinnere mich daran, wie ich für einen Mann gebetet habe, der zwei kaputte Knie hatte. Ich glaube, er brauchte in beiden Knien ein neues Gelenk. Ich entschied mich für eine Seite und fing an zu beten. Als ich für sein rechtes Knie betete, fragte ich: „Passiert irgendetwas?"

„Ja, mein linkes Knie ist wie unter Feuer", sagte er. Ich dachte mir: *Also gut, dann werde ich jetzt auch für das linke Knie beten!*

Es ist wichtig, sich Feedback von den Leuten einzuholen und zu lernen, der Salbung, die sie spüren, zu folgen. Was ich empfinde, ist nicht immer zuverlässig im Hinblick auf das, was ich tun soll. Ich kann meine eigene reale Erfahrung mit Gott machen, aber die trägt nicht zwangsläufig dazu bei, dass ich den Durchbruch für andere erreiche. Es war für mich daher eine riesige Hilfe, Randy, von dir zu lernen, wie du Menschen in einem Dialog immer wieder fragst, was sie gerade erleben. Wir haben schon so oft zusammen gedient, in den Schulen für den geistlichen Dienst, in Brasilien und auf der ganzen Welt. Dabei habe ich dir immer wieder zugeschaut, und das war eine gewaltige Hilfe für mich. Inzwischen nehme ich die Salbung viel besser wahr. Ich liebe es, wenn ich die Salbung spüre. Dann geschieht physisch etwas mit mir, wodurch ich weiß, dass Gott gleich etwas tun wird.

Randy: Könntest du das etwas näher ausführen? Ich glaube, dass es anderen helfen wird, die am Lernen sind.

Bill: Okay. Da gibt es eine Sache, auf die ich fast nie Bezug nehme, aber ich möchte es gerne im Rahmen dieses Interviews tun. Es ist wohl an der Zeit. Etwas, was sehr häufig geschieht, ist, dass in meine linke Hand so etwas wie Feuer kommt. Zu ganz intensiven Zeiten kommt es in beide Hände und brennt sogar bis hin zu meinem Nacken und meinem Kinn. Es gab tatsächlich Momente, wo es sehr unangenehm war, solch eine Hitze ist es. Doch würde ich den Herrn niemals darum bitten, es zu unterbinden; so ist es wiederum nicht.

Aber es ist nicht angenehm, falls das Sinn macht. Und es gibt auch Zeiten, in denen diese Salbung kommt und ich sie besonders stark spüren kann. Ich befinde mich zum Beispiel in einer bestimmten Umgebung und ganz plötzlich fühlt es sich an, als würde jemand einen Silberdollar, der eine Weile in der heißen Sonne gelegen hat, auf meine Handfläche legen. Eine solche Art von Hitze ist das. Und wenn das geschieht, weiß ich genau, dass eine Salbung für Heilung gegenwärtig ist. Diese Manifestation hat sich mit der Zeit einfach entwickelt. Eigentlich fing es schon früh in der Erneuerung an. Damals wusste ich noch nicht, dass es auf etwas Bestimmtem hindeutete – ich dachte einfach, dass es mit der Gegenwart des Heiligen Geistes zu tun hatte. Aber inzwischen sehe ich den Zusammenhang. Ich habe gelernt, dass dies geschehen kann, wann immer eine Salbung für Heilung oder Gabenübertragung gegenwärtig ist.

Dann gibt es noch etwas, was mir ab und zu widerfährt, worüber ich auch nicht sehr oft spreche. Ich erlebe diese Gegenwart, die auf mich kommt. Sie ist wie ein Feuer, das sich über meiner rechten Schulter lagert; meine rechte Gesichtshälfte fängt dann an zu brennen. Wenn ich zu dem Zeitpunkt zurückschaue, als dieses Phänomen anfing, ist das schon recht komisch, denn ich hatte keine Ahnung, was da geschah. Zuerst glaubte ich, dass es ein Engel sein könnte, der an meiner Seite steht oder so etwas. Ich erinnere mich daran, dass dieses Feuer einmal auf mich fiel, während ich bei einem Festessen an einer Tafel saß, an deren Ende jemand sprach. Ich war so fasziniert, dass ich immer im Wechsel mein Kinn in dieses Feuer hineingehalten und dann meinen Kopf wieder zurückgezogen habe. Das geschah nur auf meiner rechten Schulter, nicht auf der linken. Während ich mein Kinn immer wieder hineinhielt, dachte ich: *Mann, ist das abgefahren.*

Nach diesem Festmahl sprachen mich die Leute, die hinter mir saßen, an und fragten: „Dürfen wir deinen Nacken massieren oder irgendetwas für dich tun? Wir haben gesehen, dass du ein Problem mit deinem Nacken hast."

Ich fing an zu lachen, denn sie hatten beobachtet, dass ich meinen Kopf fortwährend zur Seite gedreht hatte. Schließlich antwortete ich: „Oh, es tut mir leid. Meinem Nacken geht's gut. Ich habe nur mit etwas herumexperimentiert." Ich hatte keine Ahnung, was ich sonst sagen sollte.

Manchmal passierte das auch, wenn ich mit meinem Team im Auto unterwegs war. Ich saß zum Beispiel einmal auf dem Beifahrersitz, der Pastor fuhr und ein paar Leute saßen auf dem Rücksitz. Ich sagte dann nur: „Oh, es ist gerade wieder passiert." Dann legte ich meine Hand an die Stelle und konnte es fühlen. Weil der Pastor fuhr, wollte ich ihn nicht aus der Fassung bringen, aber zu den Leuten auf dem Rücksitz sagte ich: „Haltet mal eure Hand da hin." Sie taten es und spürten das Feuer. Wahrscheinlich zwei bis drei Jahre lang hatte ich keine Ahnung, was das eigentlich war.

Randy: Wann fing das ungefähr an? In welchem Jahr?

Bill: Wahrscheinlich 1998 oder 1999. Ich weiß noch, dass es auf einem Trip nach Georgia passierte, als ich eine Konferenz mit Ruth Heflin durchführte. Wenn ich in eine bestimmte Umgebung kam, fingen diese körperlichen Phänomene an. Einmal kam das Thema auf, als ich mit Bob Jones zusammen war. Ich weiß aber nicht mehr, weshalb, da ich ja niemandem etwas davon erzählte hatte. Jedenfalls sagte ich: „Ich erlebe dieses Feuer, das sich einfach auf meine Schulter setzt. Ich vermute, es ist ein Engel, der neben mir steht oder so."

Bob sagte: „Nein, das ist der Geist, der verweilt. Wann immer er sich manifestiert, wirst du es merken. Da es auf deiner rechten Schulter ist, hat es mit Autorität zu tun. Er bereitet dich vor, weil du bald etwas tun musst, was Mut erfordert. Und du wirst Autorität einsetzen müssen."

Das leuchtete mir sofort ein. Ich hätte noch weitere zwanzig Jahre forschen können, um herauszufinden, was da mit mir geschah, und wäre nicht darauf gekommen. Er hat mich auf die Schnellspur versetzt, um zu erkennen, wenn der Geist Gottes anfängt, sich zu manifestieren. Ich kann im Flugzeug sitzen und es passiert. Ich kann in einem Auto auf dem Weg zu einem Flughafen sein und es passiert. Es passiert vielleicht in meinem Motelzimmer. In dem Moment erkenne ich: *Auf dieser Reise brauche ich Mut. Ich muss wachsam sein, wann dieser Moment kommt, wenn etwas losbrechen soll und ich entweder einen mutigen Schritt tun oder Autorität ergreifen muss.* Wo immer und wann immer so etwas stattfindet, weiß ich, dass Gott mich an die vorderste Front für etwas ruft. Er warnt mich ein wenig im Voraus. Zwar nicht immer, aber recht oft. Auf diese Weise geht er mit mir vor.

Randy: Das ist wirklich interessant und hilfreich. Möchtest du uns noch etwas anderes mitteilen, das du gelernt hast?

Bill: Ich weiß nicht, ob Folgendes wirklich hilfreich ist, weil ich selber noch nicht damit durch bin. Auf der einen Seite habe ich gelernt, mir Zeit mit den Leuten zu nehmen und nicht zu hetzen. Andererseits habe ich gelernt, schnell zu sein. Mir ist klar, dass dies eine eigenartige Kombination ist.

Dabei habe ich dich seit Jahren beobachtet, Randy. Wenn es darum geht, sich Zeit zu nehmen, hast du manchmal den ganzen Abend damit verbracht, um in *einer bestimmten Sache* zu einem Durchbruch zu gelangen. Mehr als irgendjemand anderes, den ich kenne, hast du die Gnade beharrlich zu beten, wenn das dran ist. Du hast eine Gnade, dies zu erkennen. Jedes Mal, wenn ich mit dir zusammen war, geht mir auf dem Nachhauseweg durch den Kopf: *Ich muss das noch besser lernen*. So arbeite ich weiter daran, mich zu verbessern, und ich werde besser.

Randy: Normalerweise bete ich nicht lange. Ich kann das nur, wenn ich weiß: *Wenn ich es jetzt mache, dann wird er kommen, dieser Durchbruch.* Ich habe dann Glauben dafür. Wenn ich keinen Glauben dafür habe, kann ich nicht so lange beten.

Bill: Das habe ich auch erkannt. Ich habe versucht, lange zu beten, als ich keinen Glauben dafür hatte, und es hat nicht funktioniert. Aber zu anderen Zeiten erkenne ich, dass Gott gerade am Wirken ist, und ich richte mein Augenmerk auf das, was er tut, und nicht auf das, was nicht passiert. Ich bleibe dann über eine längere Zeit dabei. Das zu lernen war wunderbar.

Ich habe aber auch gelernt, dass es manchmal reine Zeitverschwendung ist, lange zu beten, und dass ich schnell vorangehen muss. Es ist nicht unbedingt so, dass Menschen böse Absichten haben und mir die Zeit stehlen wollen. Bei manchen ist das der Fall, aber das lässt sich schnell klären. Doch habe ich schon zu mancher Zeit in Versammlungen beobachtet, dass sehr lange gebetet wurde, nur weil man nicht glauben konnte, dass Gott bereits etwas getan hatte. Es wird dann sozusagen über das Wunder hinausgebetet.

Eines der ersten Wunder, nach dem mit dem Ladenbesitzer, das wir in Weaverville erlebt haben, fand in unserer eigenen Gruppe statt. Der Mann hatte entsetzliche Rückenprobleme, und ich sagte zu ihm: „Steh auf und geh mal dort hinüber in die Ecke, ich hole einige Leute, die für dich beten." Während er in die Ecke ging, betete ich: „Heiliger Geist, komm", und es warf ihn auf den Boden. Ich hatte nicht den Mut, ihn zu fragen, ob er geheilt wurde, so schickte ich einige Leute zu ihm, um für ihn zu beten. Dann habe ich mich auch dazugestellt und für so ziemlich alles, was mir nur einfiel, gebetet, da ich es immer noch nicht gewohnt war, dass etwas passierte.

Als wir endlich fertig waren, sagte der Mann: „Oh ja, ich wurde geheilt, gleich nachdem ich vom Stuhl aufgestanden bin und der Heilige Geist mich zu Boden geworfen hat."

Ich habe damit ein bisschen herumprobiert. Es gibt Situationen, in denen ich andere zum Beten freisetze und zu ihnen sage: „Okay, legt die Hände auf sie und fangt an zu gebieten." Und dann sage ich: „Okay, das reicht jetzt." Tatsächlich mache ich das so schnell, und sie sind regelrecht schockiert darüber, wie viele Menschen dann bereits geheilt sind. Randy, bei dir ist es manchmal so, dass Leute einfach nur dastehen und keiner für sie betet. Das ist eine weitere souveräne Art der Heilung, für die du wohl eine ungewöhnliche Gnade hast. Das erlebe ich auch da und dort – und es ist wunderbar –, aber es ist nie so stark, wie ich es bei dir beobachte. Bei dir liegt diese Art „Übertragung" in der Luft. Es geschieht etwas, wenn du etwas über einer Menschenmenge freisetzt, und viele werden geheilt. Ich habe das auch, und ich dränge mehr und mehr da hinein, aber meistens erlebe ich das nur, wenn ich mit dir zusammen bin. Doch bei diesen kurzen Gebeten sehe ich sehr viele Heilungen.

Zum Teil haben wir bizarre Dinge erlebt. In einer unserer gegenwärtigen Kleingruppe in Bethel wurden viele von Hepatitis C geheilt. Einmal kam eine Person zur Zellgruppe und teilte mit: „Bei mir wurde heute Hepatitis C festgestellt."

Der Zellgruppenleiter, der gerade an ihm vorbeiging, um sich eine Tasse Kaffee zu holen, schlug ihn auf den Arm und sagte nur: „Nun, dann sei geheilt." Das war alles.

Dieser Mann ging zum Arzt, und der bestätigte, dass er kein Hepatitis C mehr hatte. Medizinisch ist es allerdings unmöglich, dass Hepatitis C aus deinem Blutkreislauf verschwindet. (Das heißt, Mediziner haben mir erzählt, dass Hepatitis C das Blut auf eine Weise auf ewig „verunstaltet" und dass man diese Indikatoren nicht mehr entfernen kann.) Das ist also ein weiterer Punkt, nämlich zu lernen, wann wir mit Gott weitergehen sollen, denn er bewegt sich schnell.

Randy: War das also eine dieser „zufälligen" Heilungen, über die du manchmal sprichst? Wahrscheinlich hatte der Zellgruppenleiter das noch nicht einmal erwartet und vielleicht nur scherzhaft gesagt: „Sei geheilt", als er an ihm vorbeiging?

Bill: Ich denke, der Leiter, der das sagte, hatte es schon erwartet. Aber die Person mit Hepatitis C hat wohl eher erwartet, dass man für sie betet. Aber ich kenne den Leiter und glaube, er hatte einfach die Erwartung, dass die Heilung geschehen würde, wenn er den Befehl aussprechen würde, und so ging er einfach weiter, um sich Kaffee zu holen. Es war verblüffend. All diese Erfahrungen gehören wahrscheinlich insgesamt zur selben Reihe von Lektionen.

Randy: Wahrscheinlich sollte ich zur nächsten Frage übergehen, aber ich muss lachen, weil ich all das so sehr liebe. Tatsächlich lerne ich, während ich mich mit dir unterhalte. Ich denke, es wäre so toll gewesen, wenn auch wir von all den Menschen, die uns in diesem Bereich vorangegangen sind, Videos wie dieses gehabt hätten. Wenn auch sie so darüber hätten sprechen können, wäre das so hilfreich für uns gewesen. Unsere Wachstumskurve wäre sehr beschleunigt worden.

Bill: Das hätte uns Jahre erspart, weil wir ja vieles durch Ausprobieren lernen mussten. Bei uns ist es gängiger Witz, dass Bethel nur ein Experiment ist. Wir versuchen Dinge, wir versagen, wir haben Erfolg – aber wir versuchen es. Solch ein Interview zu sehen, hätte uns mächtig geholfen.

KAPITEL 3

Umgang mit ungewöhnlichen Fällen

Randy: Die nächste Frage, die ich dir stellen möchte, Bill, ist, wie du mit ungewöhnlichen Fällen umgehst. Gibt es gewisse Zeiten, in denen du stärkeren Glauben hast als sonst, dass etwas geschehen wird? Zum Beispiel, wenn du eine Reihe von Worten der Erkenntnis hast, gibt es dann eines darunter, welches besonders ist und du deshalb auch anders damit umgehst? Benutzt du es dann als Demonstrationsbeispiel für die Anwesenden, um in ihnen Glauben aufzubauen? Wenn diese Art von ungewöhnlichen Fällen auftritt, was läuft dann bei dir ab? Wie gehst du damit um?

Bill: Es geschieht auf zwei Weisen, die mir spontan einfallen. Die unüblichste Art und Weise, wie Gott wirkt, ist, wenn es nicht durch ein Wort der Erkenntnis kommt. Eigentlich ist ein Wort der Erkenntnis ja das Normale, doch für die Menschen, mit denen wir arbeiten, ist dies im Allgemeinen das Ungewöhnlichste. Es geht dabei um Dinge, die ich Gott schon sehr oft habe tun sehen. Ich benutze also das Konzept des Zeugnisses. Ich versuche nicht, darüber zu lehren, ich erwähne es nicht, ich tue gar nichts. Ich komme einfach in die Situation. Manchmal mangelt es mir an Worten der Erkenntnis oder Richtungsweisung, dann fange ich da an, wo ich Gott als Letztes habe handeln sehen.

Zum Beispiel hatten wir vor Kurzem eine Reihe erstaunlicher Wunder, was Schädel-Hirn-Traumen angeht. Seitdem kann ich in eine Versammlung gehen und mache dann den Aufruf für Schädel-Hirn-Traumen, wobei ich weiß, dass in den meisten Fällen Heilung geschehen wird. Und aus der Erfahrung heraus kann ich sagen: Wenn wir in Bezug auf ein Problem erst einmal Fuß gefasst haben, wird Gott auch in der gerade aktuellen Situation etwas tun.

Das habe ich auch bei dir gesehen, Randy, wenn du es „das eine Leiden bzw. Problem“ nennst. Durch diese Art von Durchbruch wird so viel Glauben freigesetzt, dass du dann die Worte der Erkenntnis, die du hast, durchgehen kannst und die Post abgeht. Genau das erlebe ich dann. Ich mache einen Aufruf für ein bestimmtes Problem, wie zum Beispiel Schädel-Hirn-Traumen oder für Menschen, die einen Autounfall hatten. (Es hat ja auch mit Autounfällen angefangen. Doch dann hat es sich schnell auf alle Arten von Unfällen ausgeweitet: Sportunfälle, Sturz von einer Leiter, jegliche Art von Unfällen. Diese sind nun alle in diese Art von Gebet eingeschlossen.) Es ist wirklich eine verrückte Sache, weil es jedes Körperteil sein kann, das verletzt ist. Es können Menschen betroffen sein, die die Verletzung bereits seit zwanzig oder dreißig Jahren mit sich herumtragen. Die älteste Verletzung war schon zweiundsiebzig Jahre her. Diese Frau hat man als Baby auf ihr Steißbein fallen lassen, und der Herr heilte sie. Ich rufe also ein bestimmtes Leiden auf und dann kommt eine bestimmte Salbung in den Raum und du kannst beobachten, wie der Herr bestimmte Dinge demonstriert.

Dasselbe habe ich auf A. A. Allens Gesicht in einem Video von ihm beobachtet. Auf ihm lag wesentlich mehr, als ich je erfahren habe, und doch fühlte es sich so ähnlich an. Er ging um das Klappbett dieser Frau herum, die nicht gehen konnte. Ehrlich gesagt wirkte es fast so, als würde er die Krankheit und den Teufel verspotten, während er um sie herumlief. Er wusste nämlich, dass gleich etwas geschehen würde, also wartete er einfach. Er lief um sie herum und wartete. Er hatte diesen Gesichtsausdruck, der sagte: *Es wird geschehen!* Da war kein Fragezeichen in seinem Gesicht. Es ist atemberaubend für mich, jemanden mit solch einem Gesichtsausdruck zu sehen.

Schon zu Beginn mancher Versammlungen kannst du diese Art von Gegenwart spüren. Du kannst wirklich sagen: *Der Herr hat völlige Kontrolle über dieses Treffen. Ich muss hier nichts in Gang bringen. Ich muss niemanden besonders motivieren oder ermutigen; es ist ein göttlicher Moment.* Und wenn das passiert, gibt es einen Durchbruch. Ich habe es erlebt, wenn ein bestimmtes Wunder geschieht. Dieses kann durch ein Wort der Erkenntnis kommen, aber in zwei von drei Fällen geschieht es wohl als Folge eines Zeugnisses über das, was Gott vor Kurzem getan hat, wo ich das Momentum schon erlebt habe. Es ist dann so, dass ich für bestimmte Probleme kein Wort der Erkenntnis mehr brauche, weil wir bereits eine Geschichte von Zeugnissen haben. In einem gewissen Sinn habe ich mir einen Bereich zu eigen gemacht.

Randy: Vor einem Jahr hast du mir davon erzählt, wie Metall im Körper von Menschen verschwunden ist, und so tastete auch ich mich in diesen Bereich vor. Ich hatte vorher nie ein Wort der Erkenntnis, was die Entfernung von Metall angeht, gehabt. Ich habe mich einfach in diesem Bereich versucht, und es sind erstaunliche Durchbrüche geschehen. Es passierte nicht gleich beim ersten Mal, aber dann hat mich der Herr ein zweites Mal in etwas hineinmanövriert. Es geschah allerdings nie durch ein Wort der Erkenntnis. Es war, als würde Gott mir nach dem ersten Mal noch einmal die Gelegenheit geben, und dann wurden vielleicht 23 von 47 Leuten geheilt. Ich empfinde einfach, dass ich in diesem Bereich weiter vorangehen soll; es ist eine Glaubenssache. Ich denke, dass Menschen, die Metall in ihrem Körper haben und Heilung brauchen, einen Glauben dafür bekommen können.

Bill: Dem stimme ich vollkommen zu. Ich denke, genau dasselbe ist in der charismatischen Bewegung in Bezug auf das Auswachsen von Beinen passiert. Aber der traurige Teil für mich dabei ist, wenn jemand, der eine Salbung für eine bestimmte Sache hat, dort stehen bleibt, anstatt diese als experimentelle Grundlage für weitere Bereiche zu nehmen. Denn wir haben zum Beispiel eine Erfahrung gemacht, dass das Zeugnis über die Heilung von Klumpfüßen ein Heilungswunder für eine ganz andere Verletzung bewirkte. Klumpfüße sind nicht allzu weit vom Auswachsen von

Beinen entfernt. Weißt du, was ich meine? Wenn du einen Durchbruch beim Auswachsen von Beinen erfährst, warum solltest du dich dann nicht nach der Heilung weiterer Verletzungen im Beinbereich ausstrecken, wie zum Beispiel nicht verheilte Knochen, und dem nachgehen? Oder wenn kein Knorpel mehr im Kniegelenk vorhanden ist – dann geh dem nach. Weshalb? Weil es in einem Bereich ist, wo du bereits Durchbrüche erlebst.

Aus diesem Grund denke ich, dass wir es dem Herrn, uns selbst und den Menschen, denen wir dienen, schuldig sind, unseren jeweiligen Durchbruch als Anlass zu nehmen, um in weiteren Bereichen durchzubrechen. Ich halte dann Ausschau nach Leiden, die mit dem erlangten Durchbruch in Beziehung stehen oder ihm ähnlich sind. Wir hatten schon skurrile Heilungen, wenn wir die Sache so angegangen sind.

In Australien trafen wir eine Frau, die keine Knorpelmasse mehr in ihren Kniegelenken hatte. Ihr Mann musste in den Ruhestand gehen, damit er sich um sie kümmern konnte. Die Schmerzen, die sie dadurch litt, weil Knochen auf Knochen drückte, waren so extrem, dass die Ärzte ihre Intensität als „Schmerz, der ein Ausmaß hat, dass man selbstmordgefährdet ist" bezeichneten. Der Ehemann hatte 25000 Dollar für den Einbau eines Lifts in ihrem Haus ausgegeben, um seine Frau in den ersten Stock befördern zu können, sodass sie im gemeinsamen Schlafzimmer bleiben konnte. Sie kam zur Versammlung und wurde auf so dramatische Weise geheilt, dass sie im ganzen Raum umherrannte. Eigentlich war sie eine sehr schüchterne Asiatin, doch sie ergriff das Mikrofon und schrie hinein. Die gesamte Gemeinde kannte sie, und alle waren über das Wunder verblüfft.

Wenn so etwas geschieht, fange ich an zu denken: *Moment mal, einige Menschen haben eine versteifte Wirbelsäule, in der Bandscheiben fehlen. Die Leiden sind zwar nicht verwandt, und doch sind sie es …* Ergibt das Sinn? Wir können den Durchbruch in dem einen Bereich nutzen, um in einem weiteren einen Durchbruch zu erleben. So können wir meiner Meinung nach das Ganze weiterentwickeln.

Randy: Gerade muss ich an eine ähnliche Erfahrung denken, die ich erlebt habe. Nie zuvor hatte ich jemanden gesehen, der einen

Schlaganfall hatte und dann geheilt wurde, aber als ich von Heidi Baker erfuhr, dass Tote auferweckt wurden, erlebten wir drei Heilungen von Schlaganfällen innerhalb von 24 Stunden. Die Idee war: *Okay, wenn Gott Tote auferweckt, muss er ja die Zellen neu bilden. Genau das ist auch nach einem Schlaganfall, bei Parkinson und MS nötig ...* Also verleiht es dir Glauben, wirklich in neue und verwandte Bereiche mit größeren Erwartungen vorzudringen.

KAPITEL 4

Umwerfende Erfahrungen und Ereignisse, die zu Durchbrüchen führten

Randy: Bill, lass uns zur nächsten Frage übergehen, auch wenn sie sehr eng mit dem verknüpft ist, worüber wir schon gesprochen haben. Vielleicht haben wir den Bereich sogar schon abgedeckt, aber gab es in deinem Leben irgendwelche durchschlagenden Ereignisse, die bewirkt haben, dass mehr passiert ist? Ich bin neugierig darauf, inwiefern Durchbrüche mit umwerfenden Geschichte, die du erzählst, zu tun haben.

Bill: Die Erfahrung, die die ganze Nacht dauerte!

Randy: Ja, die Drei-Uhr-morgens-Geschichte. Hast du irgendeinen Zusammenhang zwischen diesem Ereignis und einem Durchbruch bei Heilungen gesehen, oder gab es eine Zunahme oder einen Durchbruch von Vollmacht in etwas anderem? Ich weiß, dass die eine Erfahrung, die ich spät in der Nacht machte, meine stärkste war, aber außer bei einer Begebenheit, wo es um Befreiung ging, konnte ich über mehrere Jahre eigentlich nicht mehr Vollmacht in anderen Bereichen feststellen. Aber ich weiß, Erfahrungen wie diese sind Schlüsselerlebnisse. Ich weiß, dass dieses umwerfende Ereignis das Gewaltigste war, was mir jemals passiert ist. Zu anderen

Zeiten wiederum gab es Erfahrungen mit weniger Intensität, und doch waren sie bedeutungsvoll. Deine Erfahrung, die fast die ganze Nacht dauerte, hat dich fast umgebracht, so mächtig war sie. Aber aus ihr ist unmittelbar Frucht erwachsen. Es ist schon eigenartig, man darf einfach keine Formel dafür aufstellen.

Bill: Das ist wahr, nicht immer gibt es einen Zusammenhang. Ich habe schon erwähnt, dass ich, als ich noch in Weaverville war, im Februar 1995 die Gemeinde in Toronto besucht hatte. Im April oder Mai fingen wir dann an, Durchbrüche zu erleben. Und dann einen weiteren im August. Anschließend kam ein Freund von uns, Dick Joyce, und alles überschlug sich förmlich. Im selben Jahr, also im Oktober 1995, hatte ich diese Begegnung um drei Uhr morgens.

Randy: Wie seltsam! Auch ich war in jener Veranstaltung in Toronto im Februar 1995, die du besucht hast. Ich dachte gerade, meine eigene Erfahrung, bei der ich das Gefühl hatte, ich würde sterben, sei nicht im selben Jahr geschehen, aber sie ereignete sich ebenfalls im Oktober. Es gibt wirklich einige erstaunliche Parallelen zwischen uns. Ich liebe deine Geschichte. Erzähl weiter, was geschehen ist.

Bill: In unserer Gemeinde erlebten wir die Erneuerung, die von Toronto ausging, und fingen an, neue Erfahrungen zu machen. Jeden Freitagabend kamen wir zu einem Gebetstreffen zusammen, wo viel geschah und wir eine Menge lernten, wie der Heilige Geist wirkt. Wir entschieden dann, diesen Abend zu einer Kombination von Gebets- und Erneuerungstreffen zu machen. Dazu luden wir Dick ein. Er war mit uns im Februar in Toronto gewesen und hatte bereits in Kraft gedient und viele Dinge passieren sehen. Seit Jahren fielen Menschen bereits zu Boden, wenn er für sie betete.

Toronto hatte für mich innerlich starke Auswirkungen, jedoch nahm ich von dort nicht die Art von Durchbruchssalbung mit, von der ich jetzt weiß, dass du sie in dieser Art Versammlungen empfangen kannst. Doch erlangten wir zumindest ein gewisses Maß an Durchbruch, und im Oktober hatten wir diese Veranstaltungen mit Dick, die einfach umwerfend waren. Während dieser Zeit prophezeite ich über einem Freund, der in seinem Leben am Kämpfen war, dass er eine Berührung Gottes empfangen würde, vielleicht um 3 Uhr morgens. Es war schon sehr spät, als ich nach Hause ging. Du weißt ja, dass all diese Veranstaltungen so lange dauern, dass man erst in den frühen Morgenstunden ins Bett kommt. Genau um 3 Uhr nachts traf mich dann die Elektrizität Gottes. Ich schlief tief und fest, weil ich wirklich todmüde war. Und von einem Augenblick auf den anderen war ich wieder hellwach, es lag noch nicht mal eine Tausendstelsekunde zwischen diesen beiden Realitäten. Ich war vollkommen wach. Ich wusste es. Ich konnte meinen Kopf zur Seite drehen und war geistesgegenwärtig genug, auf die Uhr zu sehen: 3.00 Uhr morgens. Gott erinnerte mich an meine Prophetie für meinen Freund. Als ich im Bett lag, sagte ich laut: „Das hast du arrangiert, Herr." Meine Arme und Beine schnellten nach oben, ich hatte jegliche Kontrolle über meinen Körper verloren. Das dauerte einige Minuten an. Ich dachte ständig: *Das wird gleich wieder aufhören.* Aber es hörte nicht auf. Schließlich zog ich meine Arme an meinen Körper, wobei meine Beine noch mehr außer Kontrolle gerieten. Es war, als würde Kraft in solch hohem Maße durch meinen Körper fließen, dass, wann immer ich versuchte ein Körperteil unter Kontrolle zu bekommen, es in einem anderen Teil heftiger wurde. Und so wurde mir klar: *Das ist Gott. Ich weiß jedoch nicht, was er da tut!*

Es war alles andere als angenehm oder bequem. Ehrlich gesagt, fühlte ich mich schon elend. In gewisser Hinsicht war es lästig. Aber zur gleichen Zeit hatte ich ein solch starkes Bewusstsein von Gottes Gegenwart, dass da noch nicht einmal die geringste Versuchung in mir war, mir zu wünschen, dass es aufhörte. Ich wusste: Dies ist mein Moment. Diese Kraft floss durch mich hindurch, und ich lag da und fragte mich: *Was passiert hier eigentlich?*

Beni wachte nicht auf. Wir lagen in einem Wasserbett, und ich fand allein das schon ein Wunder, dass sie durch die starke Wellenbewegung nicht aus dem Bett herausgeschleudert wurde! Während das so weiterging, erinnerte mich Gott daran, dass ich vorher Tag und Nacht ohne Unterbrechung für mehr gebetet hatte. Ich war sogar betend aufgewacht. Oder besser gesagt: Ich wachte nicht auf, *um zu beten* – ich wachte vielmehr auf, weil ich im Schlaf *bereits beim Beten war*. Und ich hatte für mehr gebetet: „Gott, du musst mir einfach mehr geben. Ich muss mehr haben. Ich werde jeden Preis dafür bezahlen. Ich muss einfach mehr haben."

Du hast für mehr um jeden Preis gebetet, sagte Gott, und dann liefen in meinem Kopf verschiedene Szenen ab. Ich sah mich selbst vor der Gemeinde in Weaverville, wie ich zu lehren versuchte; ich liebe es, das Wort Gottes zu lehren. Und ich sah Menschen, die auf meine körperlichen Manifestationen reagierten. Sie würden denken, ich sei verrückt geworden! Keiner mit gesundem Menschenverstand würde glauben, dass dies Gott sei, weil es nicht aufhörte.

Dann sah ich mich vor meinem Lieblingsrestaurant in unserer Stadt, wo ich dieselben körperlichen Manifestationen zeigte. Mir wurde klar: *Ich werde nicht nur zu einer Witzfigur für die Gemeinde werden, sondern für unsere ganze Stadt. Ich werde den Anschein erwecken, als müsste ich eingesperrt werden.*

Ich erinnerte mich an Jakob, als er mit dem Engel kämpfte, und wie er dann den Rest seines Lebens gehinkt ist. Ich erinnerte mich, wie Maria angeklagt wurde, „die Mutter eines unehelichen Kindes zu sein". So wurde sie den Rest ihres Lebens etikettiert. Und nachdem mir all diese Gedanken durch den Kopf gegangen waren, erkannte ich, worauf Gott aus war. Er wollte wissen, ob er meine Würde haben dürfe.

Ich habe keinen Augenblick gezögert und sagte: „Du kannst sie haben. Gib mir einfach mehr." Das sagte ich ihm. „Du kannst sie haben, wenn ich dafür dich im Austausch bekomme."

Der andere verrückte Gedanke, der mir im Kopf herumschwirrte, war: *Ich weiß nicht, wie ich jemals wieder aus diesem Bett herauskomme.* Es ist schwierig, Momente wie diese zu erklären; es ergibt keinen Sinn, wenn man nur darüber redet. Aber genau das ging mir durch den Kopf: *Wenn das weiter anhält, weiß ich nicht, ob ich jemals wieder aus dem Bett komme, denn es fühlt sich so an, als würden Sicherungen durchbrennen, als würde ich die körperliche Fähigkeit verlieren, meine Funktion als Ehemann, als Vater und als Pastor normal auszuüben.*

Ich hatte diese Szenen vor Augen und ich erkannte, dass ich vielleicht niemals mehr aus dem Bett kommen würde. So sagte ich zum Herrn: „In Ordnung, wenn ich dich, deine Gegenwart dafür im Tausch bekomme – wenn es das ist, was ich bekomme -, dann nimm mir meine Fähigkeit, normal zu funktionieren, aber gib mir mehr von dir. Ich bin bereit dazu. Dann habe ich die ganze Nacht einfach dagelegen und gebetet: „Lass es einfach zunehmen, geh einfach tiefer. Höre nicht auf, geh einfach tiefer, lass es zunehmen."

Es dauerte bis 6.38 Uhr an. Dann stand ich auf. Jedes Mal, wenn ich nun eine Uhr sehe, die 6.38 Uhr anzeigt, sage ich Gott Dank. Es ist ein Auslöser für mich, mich daran zu erinnern, dass Gott etwas in mich hineingelegt hat. Ich kann nicht rekonstruieren, was es war; alles, was ich weiß, ist, dass seit jener Woche und jener Nacht fortwährend Durchbrüche geschehen – fortwährend. Ich stieg aus dem Bett und ging den Tag an, als hätte ich acht Stunden Schlaf gehabt, obwohl ich fast gar nicht geschlafen hatte. Ich war ja die ganze Zeit hellwach gewesen. Und als ich am nächsten Abend ins Bett ging, fing es wieder an, und nochmals in der dritten Nacht. Es passierte drei Nächte nacheinander.

Randy: Wie lange hielt das in der zweiten und dritten Nacht an?

Bill: Das weiß ich noch nicht einmal, denn ich lag nur da und betete: „Lass es zunehmen!" In der dritten Nacht erwischte es auch Beni. So lagen wir beide da und standen völlig unter Strom. Es hat längere Zeit angehalten. Nicht die ganze Nacht, wir haben ein bisschen geschlafen. Aber es dauerte eine beträchtliche Zeit. Als der Morgen kam, war ich froh, dass ich fähig war aufzustehen, und normal funktionierte, ebenso wie nach der ersten Nacht um 6.38 Uhr.

Es war, als würde Gott eine Art Kanalreinigung bei uns durchführen, Randy. Er hatte sich vorgenommen, uns durch und durch zu reinigen und uns für einen Heilig-Geist-Lebensstil, den ich offen gesagt nur aus Anbetungszeiten kannte, vorzubereiten. Ich kannte die Gegenwart in der Anbetung, aber ich kannte sie nicht in einer Salbung und auch nicht im Dienst. Ich hatte schon inspirierte Gedanken, wenn ich lehrte – diese Welt war mir vertraut. Aber ich hatte keine Erfahrung mit Gottes Gegenwart in einem vollmächtigen Dienst. Nun erkannte ich die Zusammenhänge.

Randy: Gab es noch weitere Durchbruchereignisse, auf die du zurückschauen und darüber sagen kannst: „Weißt du, diese zwei, drei, vier Dinge ... Danach geschahen jeweils weitere Durchbrüche und noch mehr Wachstum."?

Bill: Ein weiterer war, als ich mit dir das erste Mal zusammen nach Argentinien und Brasilien ging. Erinnerst du dich noch an die Reise, bei der wir 19 Tage lang praktisch keinen Schlaf bekommen haben? Zwischen den Städten konnten wir, im Bus sitzend, jeweils nur zwei Stunden am Stück schlafen.

Randy: Das war eine verrückte Reise. Ich habe mich vorhin gefragt, ob du dich wohl noch an diese Reise nach Argentinien erinnern kannst, bei der auch Ben Scofield mit dabei war. Er war 19 oder 20 Jahre alt und war mein erster Praktikant, über den Gott zu mir gesprochen hatte, dass ich ihn mitnehmen sollte. In den zwei Jahren, die er mich beim Reisen begleitet hat, habe ich allein 60 000 Dollar an Reisekosten für ihn investiert. Er war der Einzige, für den Gott mir Anweisungen gegeben hatte, das zu tun. Alle anderen Praktikanten mussten ihre Reisekosten selbst tragen. Inzwischen hat sich das natürlich geändert, denn alle meine Praktikanten reisen nun kostenlos. Doch davor gab es eine Zeit, in der die Praktikanten ihre Kosten selber tragen mussten. Aber zurück zum Eigentlichen: Ben war der erste, und du und Ben beteten für die eine Person, die eine Wucherung auf ihrem Fuß hatte, so etwas wie einen zusätzlichen Knochen, der etwa fingergroß war.

Bill: Das werde ich mein ganzes Leben lang nicht vergessen. Das Coole an diesem Gottesdienst war, dass du ein Wort der Erkenntnis gegeben und gesagt hast: „Es gibt hier jemanden, auf dessen beiden Füßen etwas nicht in Ordnung ist."

Du warst sehr spezifisch. Auf dieses Wort kam dieser ungefähr vierzehnjährige Jugendliche nach vorne. Er zog seinen Schuh und seine Socke aus, sodass wir einen Fuß genauer ansehen konnten. Ich legte meinen Daumen auf die betroffene Stelle. Ben hielt den anderen Fuß. Dann gebot ich dem überflüssigen Knochen, er solle sich auflösen. Das was alles. Wir saßen einfach noch eine oder zwei Minuten da, und plötzlich verschwand dieser Knochen, wie wenn ein Ballon seine Luft verliert. Ich tastete die Stelle ab und bat ihn: „Überprüfe es mal selber!"

Der Jugendliche rief: „Es ist weg!"

Daraufhin sagte ich: „Nun, dann lass uns für den anderen beten!" Also zog er den anderen Schuh und die Socke aus, und dort war der Knochen bereits verschwunden. Meine Güte, es war so überwältigend, dass etwas einfach so verschwunden ist. Der überflüssige Knochen hatte sich einfach unter meinen Fingern aufgelöst. Das werde ich nie vergessen, ebenso wenig wie dein Wort der Erkenntnis dazu.

Randy: Diesen Teil hatte ich schon vergessen, aber ich erinnere mich noch an deine und Bens Reaktion darauf – ich erinnere mich an euren Gesichtsausdruck.

Bill: Es war eine ungewöhnliche Verformung. Du weißt schon, die Haut an deinen Fingerknöcheln unterscheidet sich vom Rest der Haut an deinen Händen oder Füßen, nicht wahr? Diese Art von Haut hatte sich auch im Laufe der vierzehn Jahre auf diesem überflüssigen Knochen gebildet, denn seine Schuhe hatten immer daran gerieben. Es war fast eine ellbogenartige Haut, die sich auf diesem Knochen gebildet hatte. Und als wir beteten, waren diese Knochen verschwunden. Nichts war mehr davon übrig. Es war faszinierend, sehr faszinierend.

Randy: Ich liebe dieses faszinierende Element, wo man sich staunend fragt: *Wie ist das nur geschehen?*

Bill: Das stimmt. Du fragst dich: *Habe ich wirklich gesehen, wovon ich glaube, dass ich es gesehen habe?* Diese Reise hatte starke Auswirkungen auf mich. All die Reisen – ich habe so viele gemacht, und sie haben mich alle sehr geprägt. Aber diese war die erste. Wir beide haben uns in vielerlei Hinsicht während dieser Reise erst so richtig kennengelernt. Du warst schon einmal in Redding gewesen, aber dann hast du mich nach Brasilien eingeladen, und so bin ich mitgekommen. Seitdem bin ich nicht mehr derselbe.

Randy: Kannst du dich noch an andere Erlebnisse erinnern, die bedeutende Auswirkungen auf dich hatten?

Bill: Im letzten Jahr hatte ich einige Begegnungen, die ich zu den extremsten in meinem Leben zähle. Ich weiß nicht, wozu diese führen werden. Ungefähr sechs Wochen bevor Oral Roberts starb, war ich bei ihm zu Hause. Wir waren etwa dreißig Leute dort. Es ergab sich, dass ich direkt neben ihn gesetzt wurde; so hörte ich ihm einfach zu und versuchte, so viel es geht von ihm herauszubekommen. Dann folgte eine Zeit, in der er für uns beten wollte, also kniete ich mich vor ihm nieder. Er fragte mich: „Was möchtest du?"

Ich sagte: „Ich möchte deine Salbung. Ich möchte deinen Durchbruch."

Er legte mir seine Hände auf und sagte nur: „Gewaltig!", während sein Arm zuckte. „Ich werde dich nicht fragen, ob du das gespürt hast – mein Arm wurde fast weggerissen", fügte er hinzu.

Bei mir schlug es ein wie eine Bombe! Es hat mich völlig umgehauen! Und es passierte die übrige Zeit nicht, als er betete. Das war keine normale Sache, so weit ich es verstehe. Sein Arm schoss plötzlich hervor und es hat mich einfach umgehauen. Ehrlich gesagt, sind in den letzten 13 Monaten drei Dinge in meinem Leben passiert, die ich während der Fastenzeit, in der ich mich derzeit befinde, im Gebet bewege. Es wird noch eine gewisse Zeit dauern, bis ich das, was während dieser Geschehnisse passierte, entschlüsselt habe. Dass Oral Roberts über mich betete, war das erste.

Dann, im letzten Januar, waren Ché Ahn und ich in Korea.[1] Dort hatten wir ein privates Treffen mit Dr. David Yonghi Cho – privates Treffen bedeutet, dass wir von Kameras und seinem Sicherheitsdienst überwacht wurden. Aber es war immer noch privat. Er legte seine Hände auf uns, es war faszinierend. Doch bevor Ché Ahn ihn bat, für uns zu beten, haben wir uns noch mit ihm unterhalten und er sagte: „Wisst ihr, Dr. Roberts war die größte Inspiration für mein Leben."

---

[1] Ché Ahn ist apostolischer Leiter der Gemeinde „Harvest Rock" in Pasadena sowie eines Gemeindenetzwerkes namens „Harvest International Ministry".

Wir hatten Oral Roberts überhaupt nicht erwähnt, und ich hatte ihn gerade erst getroffen, vielleicht drei Monate davor. Und Dr. Cho fing von sich aus an, über Dr. Oral Roberts und die Inspiration, die er war, zu sprechen. Er sprach über die Hilfe, den Rat und was für ein Vater er gewesen sei ... Während ich dort saß, dachte ich: *Mann, die ganze Sache war von vorne bis hinten eingefädelt!* Ich war noch immer von meiner Begegnung mit Oral Roberts ergriffen.

Ché sagte zu Dr. Cho: „Wir hätten gern, dass du für uns betest."

Dr. Cho sagte: „Wirklich? Ich brauche doch eher euer Gebet für mich!" Aber wir knieten uns vor ihm hin, Ché zuerst und dann ich. Ich hatte bestimmte Dinge auf dem Herzen, und Dr. Cho betete Stück für Stück jedes dieser Anliegen.

Und dann, vor drei Wochen, war ich auf einer internationalen Heilungskonferenz in Minneapolis. Vor einigen Jahren haben wir diese zusammen veranstaltet. Dieses Mal war Claudio Freidzon dort. Ich war vorher schon mal mit ihm beisammen. Ich war mit Carlos Annacondia und dir ein paar Mal zusammen, aber auch schon mit Claudio. Es war wunderbar, herrlich – ich liebe diesen Mann. Aber dieses Mal ist etwas passiert. Wir waren zusammen bei einer Veranstaltung mit Mittagessen. Ich habe zuerst gesprochen, und es lief wirklich gut. Der Herr war am Wirken und schenkte Offenbarung. Das dauerte nur zwanzig Minuten, war aber mit Inhalten gefüllt, für die man normalerweise eineinhalb Stunden braucht. Es war einfach einer dieser ungewöhnlichen Momente. Claudio, der nächste Sprecher, war davon sehr berührt, was mich ermutigte. Als er dann zur Zeit des persönlichen Dienens überging, kam er auf mich zu und legte mir die Hände auf. Und dann kam etwas, was ich noch nie erlebt hatte, aber meine Füße schossen blitzartig nach oben. Ich war wirklich wie vom Blitz getroffen. Noch nie waren meine Füße so hochgeschnellt. Ich bin zwar schon zusammengesunken, und es gab Zeiten, als du und Rodney Howard-Browne für mich gebetet haben und es echt abging. Aber diesmal schossen meine Füße in die Luft und ich fiel zu Boden. Ich kann mich nicht mehr daran erinnern, dass ich auf den Boden prallte. Es gab kein Geräusch des Aufpralls, nichts dergleichen. Wenn du mich fragst, schlug ich gar nicht auf dem Boden auf. Von anderen hatte ich so etwas schon gehört, aber ich selbst hatte noch nichts Derartiges erlebt. Ich muss wohl so sanft auf dem Boden gelandet sein, als wäre ich auf ein Kissen gefallen; aber ich kann mich an nichts erinnern. Es war weder geräuschvoll noch schmerzhaft, nichts dergleichen. An jenem Tag hat Claudio noch viele weitere Male für mich gebetet, auch während der Abendveranstaltung.

Ich sage dir, ich habe keine Ahnung, was genau passiert ist, aber als ich nach Hause zurückkehrte, geschahen in der Gemeinde plötzlich ganz neue Dinge. Es war ähnlich wie das erste Mal, als ich aus Anaheim zurückgekommen war und Menschen plötzlich unter der Kraft Gottes zu Boden fielen wie nie zuvor. Es fand eine regelrechte Freisetzung in der Gemeinde statt. Ich habe den Leuten keine Einzelheiten darüber berichtet, sondern nur erzählt: „Ich hatte eine großartige Begegnung mit Claudio Freidzon diese Woche." Ich hielt alles sehr einfach; ich habe nichts näher ausgeführt. Aber es ereigneten sich Dinge, die neu für uns waren.

Ich weiß zwar nicht wie, aber ich glaube, dass sich diese Begegnungen mit der Zeit noch stärker auswirken werden.

Randy: Du hast kurz diese Fastenzeit erwähnt, die du angefangen hast. Fastest du zum ersten Mal in dieser Art? Oder ist das schon dein zweites oder drittes Mal? Gibt es dafür einen bestimmten Grund? Warum hast du damit angefangen?

Bill: Das Fasten? Dies ist das erste 40-tägige Fasten für mich. Vorher habe ich schon mal 30 Tage, 21 Tage und 14 Tage gefastet, aber noch nie 40 Tage. Dafür gibt es zwei Hauptgründe. Dass ich diese Zeit ausgesucht habe, hängt mit den Wahlen zusammen und der Tatsache, dass diesbezüglich zum Fasten und Gebet aufgerufen wurde. Im Allgemeinen fasten wir zu solchen Anlässen einige Tage, machen vielleicht ein Daniel-Fasten oder lassen alle zwei Tage eine Mahlzeit ausfallen. Immer was anderes. Aber dieses Mal verspürte ich einfach diese Gnade, 40 Tage zu fasten. Ich habe auf meinen Terminkalender geschaut, und es war seltsam. Vor mir lagen vier dicht aufeinanderfolgende Konferenzen ohne Pause dazwischen, was eigentlich verrückt ist, wenn du währenddessen fastest. Aber ich verspürte eine Gnade dafür. Und ich erlebe eine unglaubliche Kraft, wirklich außerordentliche Kraft, um alles zu tun, was auf meinem Zeitplan steht, während ich faste. Es war einfach Gnade dafür da, für das gesamte Land.

Aber ich brauche auch noch größere Durchbrüche. Es gibt viele Verheißungen, viele Dinge, die ich gesehen habe, die der Herr tun möchte. Es gibt Bereiche in Gott, die wir erleben können und die ich noch nicht erfahren habe. Und ich bin einfach so hungrig; es gibt dieses tiefe Verlangen nach mehr in mir. Man wird einfach hungriger danach als nach Essen – und das nennt man dann Fasten.

Damals, 1987, geschweige denn 1977, hätte ich niemals gedacht, dass das, was wir jetzt erleben, möglich wäre. Aber jetzt ist es normal, und es hat mich ruiniert. Aber das reicht noch nicht aus, denn hinter uns liegt Geschichte, in der jene, die uns vorangegangen sind, das noch weit übertroffen haben, indem sie in Bereiche durchgebrochen sind, die wir noch nicht angetastet haben. Und ehe wir nicht alles wiedererlangt haben, was verlorengegangen ist, können wir nicht wirklich in neue Bereich hineingehen. Das ist ein Teil dessen, worauf wir uns mit unserem „Haus der Generäle" konzentrieren. Das ist unsere Bibliothek, in der wir dieses ganze Material sammeln, das einigen dieser Glaubensgeneräle der Vergangenheit Ehre erweist, diesen Erweckungspredigern, von denen wir so viel lernen können. Ich glaube, dass der Herr uns Zugang zu ihrer Salbung geben wird.

KAPITEL 5

Sehen und Hören, wie Gott wirkt

Randy: Bevor es zu spät wird und uns die Augen zufallen – ich glaube, es ist jetzt ein Uhr morgens –, möchte ich dich fragen, Bill, ob es noch irgendetwas anderes gibt, was du darüber sagen willst, wie sich deine Fähigkeit, besser zu sehen und zu hören, was der Herr in Bezug auf Heilung tun möchte, entwickelt hat?

Bill: Ich kann es nicht auf eine bestimmte Begegnung oder eine einzelne Prophetie oder etwas Ähnliches zurückführen, Randy. Aber worauf ich es zurückführen kann, sind all die Erneuerungstreffen und die explosiven Freisetzungen von Kraft und Salbung. Man fängt an, einen Blick dafür zu entwickeln, was der Herr tut. Ich kann es nicht erklären; ich gehe zum Beispiel durch einen Raum und merke: *Mann, hier ist etwas Besonderes. Ich vermute, es ist die Gegenwart eines Engels.* Ich konnte es fühlen und mit meinen Sinnen wahrnehmen, wenn dort bestimmte Dinge geschahen. Dann habe ich einfach jemanden, der gerade in seinem Leben am Kämpfen war, in diesen Bereich des Raumes gestellt.

Du kommst einfach in diese Phasen hinein, in denen du anfängst mitzufließen, falls du nicht innehältst und anfängst zu analysieren. Ich analysiere es später, in solchen Momenten dagegen kooperiere ich einfach mit dem, was geschieht. Dadurch fängt man an, seine Sinne zu trainieren, um das Wirken Gottes wahrzunehmen.

Ich fing zum Beispiel an, vor dem Gottesdienst am Sonntagmorgen Dinge wahrzunehmen. Dann ging ich früh in die Gemeinde und betete und nahm allmählich wahr, was in bestimmten Bereichen des Raumes geschehen würde. Eine an Gott hingegebene Vorstellungskraft wird zu einer geheiligten Vorstellungskraft, und eine geheiligte Vorstellungskraft ist bereit für Visionen und Träume. Man kann dann Geschehnisse wahrnehmen. Ich ging also am Sonntagmorgen durch den Gottesdienstraum und fand mich beim Tagträumen wieder, dass bestimmte Dinge an bestimmten Bereichen im Raum stattfinden würden. Bald erkannte ich, dass ich diese Dinge aufschreiben musste, weil sich etwas ereignen würde. Das ist eine der Arten, wie Gott mich auf das vorbereitete, was anschließend geschah.

In diesen spannungsgeladenen, explosiven Zeiten von Gottes Kraft und Salbung bist du mit der Zeit geübt zu erkennen, was Gott tut. Aber es war in der Anbetung, als das für mich anfing – vor langer Zeit in den siebziger Jahren. Zuerst lernte ich, die Gegenwart Gottes zu erkennen, und dann fing Gott an, explosionsartig zu kommen, was ich nicht gewohnt war. Ich war eher die ruhige Gegenwart Gottes während der charismatischen Erneuerung gewohnt, du weißt schon. Fast so wie Kum-ba-yah. Es war herrlich und wunderbar, aber nun begann er explosionsartig zu kommen, und ich musste lernen zu erkennen, was gleich passieren würde. Es ist leicht zu erkennen, wenn jemand durch den Raum fliegt, wenn es passiert, aber es ist etwas anderes, aus dieser Sache zu lernen, damit man erkennt, was in Kürze auf dieser Seite des Raumes geschehen wird. Dann nimmst du wirklich daran teil. Du siehst, was er geschehen lassen möchte, wenn wir aktiv mit ihm kooperieren. Das zu erkennen ist eine Riesensache für mich.

All die genannten Erfahrungen haben dabei geholfen, diese Fähigkeit zu entwickeln. Es entwickelt sich auch, wenn du zum Beispiel an der Seite von Menschen bist, die mit dir zusammenarbeiten, wenn du bei diesen Großevangelisationen bist und predigst. Ich habe mich dann an die Seite gestellt und konnte sehen und fühlen, was dort geschah. Auch die Trainings- und Heilungsschulen fördern diese Wahrnehmungsfähigkeit. Ich lerne so viel, indem ich dich beobachte, wie du dem Handeln des Heiligen Geistes folgst. Dann frage ich Gott immer: „Zeige mir, was gleich geschieht, denn ich möchte lernen, wie Randy das wahrnimmt."

Es ist nicht immer eine bewusste Angelegenheit, das wahrzunehmen, was Gott tut. Manchmal ist es einfach so, dass mich eine Gewissheit überkommt. Mir fällt keine bessere Möglichkeit ein, dies zu beschreiben. Ich schaue umher und habe eine Überzeugung in Bezug auf etwas. Und dann weiß ich: *Okay, ich habe keine Zeit innezuhalten und dies zu analysieren, ich muss einfach handeln, denn gleich geschieht hier etwas.* Es kann sein, dass in Kürze in einem bestimmten Bereich Heilungen geschehen. Dann habe ich zum Beispiel die innere Gewissheit: *Gott wird gleich Schädel-Hirn-Traumen heilen*, oder was auch immer. Jedenfalls wird da diese Gewissheit sein.

Es geht darum, die Gegenwart Gottes zu erkennen. Ich denke, der Herr möchte, dass wir lernen, seine Gegenwart durch ihn selbst zu erkennen. (Ich treffe diese Unterscheidung, denn es ist einfach, seine Gegenwart durch das, was er tut, zu erkennen. Ich möchte aber seine Gegenwart erkennen, *bevor* er etwas tut. Mit anderen Worten versuche ich ihn durch ihn selbst zu erkennen.) Aber manchmal wird er sich nur auf einer anderen Person manifestieren. Wenn ich also mein Augenmerk nicht auf die Salbung richten kann, die auf dir, Rodney Howard-Browne oder wem auch immer liegt, dann werde ich einige der Lektionen verpassen, die er für mich hat. Ein Teil des Prozesses war für mich, den Geist Gottes auf einer anderen Person zu erkennen und zu beobachten, wie der Betreffende sich dann in der Salbung vorwärtsbewegt. Das ist ungeheuer wichtig für mich.

Randy: Das ist für mich auch wichtig gewesen, wenn wir Dinge zusammen gemacht haben, denn in den letzten zwei Jahren habe ich in dir einen enormen Sprung nach vorn gesehen. Und ich habe gedacht: *Mensch, das habe ich Bill vorher noch nicht tun sehen.* Zum Beispiel als du anfingst zu erklären, dass etwas erledigt sei. Du hast dann zu jemandem gesagt: „Überprüfe es mal, es ist erledigt." Und ich sitze daneben und mein Kinnladen fällt nach unten, und ich frage mich: *Woher weiß er das nur?*

Indem ich dich beobachtet habe, war ich in der Lage, es zu erkennen, und wollte in dem Bereich ebenfalls vorangehen. Und du hast mich ermutigt, indem du sagtest: „Du bekommst mehr als du sagst. Du musst es proklamieren."

Unsere gegenseitige Ermutigung hat uns gutgetan. All die Punkte, über die du in diesem Interview gesprochen hast, helfen mir so sehr, und sie werden auch anderen helfen, sich weiterzuentwickeln.

Kapitel 6

Das Zeugnis bewahren

Randy: Ich möchte diese Zeit mit dir abschließen, Bill, indem ich dich bitte, dass du uns etwas über die vier oder fünf großartigsten Heilungen erzählst, die du erlebt hast.

Bill: Besonders gerne erzähle ich die Heilungsgeschichten, die in den Vereinigten Staaten geschehen sind, Randy, weil sie historisch gesehen so selten passiert sind. Aber endlich gibt es diese Art von Zeugnissen wieder! Zuerst jedoch möchte ich dir von einer Heilung erzählen, die in Brasilien geschehen ist und sehr lustig und sehr bedeutsam war. Ich betete für eine Frau, die einen Tumor wohl in der Größe einer Melone hatte. Ein paar Leute vom Team hatten schon eine ganze Weile für sie gebetet. Ich ging zu ihnen hin und schloss mich ihnen an, wobei ich meine Hand auf den Tumor legte. Er befand sich an ihrem Bauch – und er verschwand einfach. Es ist eine Sache, wenn ein kleiner Knochen auf dem Fuß eines Jungen verschwindet; über die Heilung haben wir vorhin schon gesprochen. Das war beeindruckend. Aber wenn ein melonengroßer Tumor einfach verschwindet, ist das extrem bemerkenswert, extrem beeindruckend.

Die Heilungen, die ich am meisten mag – und wir haben eine Reihe davon –, haben mit fehlenden Muskeln zu tun. Alles fing sehr interessant an. Eine Person wurde geheilt, gab darüber

Zeugnis, und dann kam eine Salbung für andere mit demselben Problem. Drei oder vier Leute im Raum hatten dasselbe Problem – das war eigenartig. Wie vielen Menschen in einer Stadt fehlt der gleiche Teil des gleichen Muskels? Daraufhin erlebten wir über Monate hinweg Wunder bei fehlendem Muskelgewebe, tatsächlich waren es sogar Jahre. Es ist faszinierend, zu sehen, wie Gott fehlende Muskeln und andere Körperteile schöpferisch wiederherstellt. Darauf fahre ich total ab.

Jetzt folgt eine Geschichte aus den Vereinigten Staaten, Randy. Wir ließen eine Missionarin aus dem Sudan in unsere Gemeinde kommen. Der Herr hatte (in einem Traum) zu ihr gesprochen: *Wenn du nach Redding fliegst, werde ich dich heilen.*

Diese Missionarin hatte MS (Multiple Sklerose), sie hatte außerdem den West-Nil-Virus, myalgische Enzephalomyelitis (ME) und Fibromyalgie. Man wollte sie wegen dieser Probleme nicht aus dem Sudan herauslassen, weshalb sie heimlich das Land verlassen musste. Sie hatte diesen Traum gehabt, also flog sie den ganzen Weg nach Redding. Zu dem Zeitpunkt, als sie ankam, war der West-Nil-Virus bereits verschwunden. Ich erinnere mich noch, wie ich über ihr gebetet habe. MS war für uns besonders frustrierend, da wir einige mutige Streiter, einen ganz besonders, durch diese schreckliche Krankheit verloren haben. Wir verbrachten viel Zeit damit, im Verborgenen dagegen zu kämpfen: „Gott, schenke uns einen Durchbruch bei MS."

Dann kam diese Missionarin und innerhalb von 15 Minuten war sie vollständig von MS befreit! Wo es ihr vorher schwergefallen war, von hier nach da zu gehen (um die 5 Meter), konnte sie jetzt durch den ganzen Raum rennen. Sie war absolut und vollständig geheilt. Das war ein großer Sieg für uns, da wir solch einen Kampf gegen diese spezielle Krankheit geführt hatten.

Auch in den vergangenen Monaten haben wir faszinierende Dinge erlebt. Ein alter, rüpelhafter und streitsüchtiger Motorradfahrer kam zu uns. In seinem ganzen Leben war er noch nie in einem Gottesdienst gewesen, aber sein Sohn war errettet worden. Dieser alte Motorradfahrer hatte Krebs und nicht mehr lange zu leben, so sagte sein Sohn zu ihm: „Dad, ich glaube, du solltest nach Redding kommen, und sie werden gegen den Krebs beten."

Ich glaube, der Mann lebte in Fresno oder irgendwo; er brummte seinen Sohn an, er wolle mit dem Zeug nichts zu tun haben. Aber sein Zustand verschlechterte sich, also dachte er sich schließlich: *Also gut, ich werd hinfahren.*

An einem Samstagmorgen kam er in unsere Heilungsräume und drei Leute gingen auf ihn zu, um für ihn zu beten. Er sagte zu ihnen: „Ihr könnt für mich beten, aber berührt mich dabei nicht. Mit diesem Hokuspokus möchte ich nichts zu tun haben."

Er stand da und beobachtete die drei, bis er sich schließlich so weit entspannen konnte, dass er seine Augen schloss. Nun ja, dann ging ein zwölfjähriger Junge von einem anderen Heilungsteam auf ihn zu und legte seine Hand auf seine Brust. Der Junge wusste nicht, dass der Mann vorher gesagt hatte: „Berührt mich nicht."

In dem Moment, als der Zwölfjährige seine Hände auf die Brust des Mannes legte, flog der Mann zurück und er lag dort über einen längeren Zeitraum bewegungslos. Als er aufstand, war er vollständig geheilt. Er ging in sein behandelndes Krankenhaus und die Ärzte bestätigten, dass er keinen Krebs mehr hatte. Sie haben ihn immer wieder ausgefragt und aufgefordert: „Erzählen Sie uns *noch mal*, was passiert ist." Schließlich ließ er einen Prospekt drucken, auf dem eine Karte mit der Strecke von Fresno nach Redding und zur Bethel-Gemeinde abgebildet war. Diesen gab er dann den Ärzten, wenn sie ihm Fragen bezüglich der Heilung stellten. Und auch sein Zeugnis ließ er auf Papier drucken.

Dieser auf dramatische Weise gerettete Mann fing dann an, jede zweite Woche kranke Menschen in seinem Auto mitzubringen. Einmal hob er buchstäblich eine Frau hoch, die schon lange an ihr Bett gefesselt war, und legte sie einfach in sein Auto und sagte zu ihr: „Du kommst mit mir." Er fuhr sie nach Redding und sie wurde auf erstaunliche Weise geheilt.

Auf ihrer Rückfahrt nach Fresno sagte die Frau dann zu ihm: „Fahr mal an den Straßenrand und halte an."

„Okay", sagte er und hielt an. „Warum?" Die Frau antwortete: „Ich bin seit fünf Jahren nicht mehr Auto gefahren – ich werde jetzt fahren!" Sie setzte sich auf den Fahrersitz und sie fuhren weiter.

Solche dramatischen Dinge wie diese passieren nun. Manchmal kommen an einem Samstag über 400 Menschen zusammen. Das ist die Größe einer Konferenz! Wenn es wenig sind, sind es immer noch 150 bis 200 Leute. In den Heilungsräumen haben wir ein Anbetungsteam und auch einige, die prophetisch malen. Eines Tages malte einer unserer Maler das Wort *Hoffnung*. Eine Frau, die gekommen war und einen Gehirntumor im Endstadium hatte, ging zu diesem Bild hin. Während sie das Wort *Hoffnung* anstarrte, fing sie an zu weinen. Leute sammelten sich um sie herum, um zu sehen, ob alles in Ordnung war. Sie drehte sich zu ihnen um und sagte: „Das werdet ihr nicht verstehen, aber gerade sind mein Tunnelblick und der Druck auf mein Gehirn verschwunden!" Eine Flüssigkeit lief aus ihrem Ohr heraus. Als sie wieder zum Arzt ging, wurde es bestätigt – sie hatte keinen Krebs mehr.

An einem Sonntagabend hatten wir einen Mann, der mitten im Raum umhertanzte und dabei seine Hose festhielt, weil vier große Tumore verschwunden waren, die vorher mit ihrem Volumen die Hose oben gehalten hatten. Ihm war nur noch ein Monat zum Leben gegeben worden. Er stand mitten im Gottesdienstraum, war sich nicht mehr bewusst, was um ihn herum ablief, hielt seine Hose hoch und sagte immer wieder nur: „Meine Güte! Meine Güte! Meine Güte!" Seine Hose wäre zu seinen Knöcheln heruntergerutscht, wenn er sie nicht festgehalten hätte, nachdem die Tumore verschwunden waren.

Randy: Ist diese Heilung souverän geschehen, etwa während der Anbetungszeit oder als Folge eines Zeugnisses? Oder haben Menschen für ihn gebetet?

Bill: Dies war eine souveräne Heilung. Ich kann mich nicht mehr erinnern, ob es während der Anbetungszeit passierte, jedenfalls hat niemand für ihn gebetet.

Auch haben wir erlebt, dass Speiseröhrenkrebs souverän geheilt wurde. Die junge Frau, die daran litt, wandte sich während des Gottesdienstes ihrem Mann zu, weil Hitze gerade aus ihren Händen geströmt war, und sagte zu ihm: „Ich bin gerade geheilt worden."

Die Hitze hatte nicht ihren Hals, sondern ihre Hände berührt. Sie legte das als eine Salbung für Heilung aus. Es war eine Glaubenssache ihrerseits.

Danach gingen sie zum Arzt, damit sie nochmals untersucht werden konnte. Der Arzt, der ihr vorher mitgeteilt hatte, dass diese Art von Krebs niemals wegginge, untersuchte sie und sagte: „Nicht nur der Krebs ist weg - Sie haben auch eine völlig neue Speiseröhre!"

Randy: Ich liebe die schöpferischen Wunder!

Bill: Auf einer Reise nach Neuseeland trafen wir einen Mann, der auf einer Liste für eine Nierentransplantation stand, und der Herr gab ihm seine eigene neue Niere, was sehr erstaunlich war.

Aber weißt du, ich betrachte einige der einfachsten Wunder als die größten. Ich bin von den Situationen fasziniert, wo zum Beispiel keine Knorpelmasse vorhanden ist, und durch ein Wunder ist auf einmal wieder die Knorpelmasse da.

Ich bin auch wirklich fasziniert, wenn eine Feder herunterschwebt. Aus dem Nichts heraus ist etwas erschienen. Wenn Gott so etwas tut, möchte ich mich einfach daran freuen und es feiern. Ich habe mir einige Gedanken darüber gemacht, was es bedeutet, dass eine Feder erscheint und herabschwebt, weil mir klar wurde, dass diese ja aus dem Nichts entstanden ist. Wenn Gott so etwas tun kann, kann er gewiss auch ein fehlendes Körperteil auf schöpferische Weise dem Körper wieder hinzufügen. Ganz sicher kann er auch Gehirnzellen, die durch Parkinson oder etwas anderes geschädigt wurden, wiederherstellen. Für mich hängt das alles zusammen, aber jene sind einige der größten Wunder.

(Die Angelegenheit mit den Federn, die plötzlich erscheinen, ist zu einer ziemlichen Kontroverse geworden. Ehrlich gesagt, wenn ich Gott darum bäte, etwas Übernatürliches zu tun, würde ich ihn nicht um Federn bitten. Sie scheinen eher etwas zu sein, was Kritik und Skepsis anzieht als alles andere. Aber den Herrn scheint das überhaupt nicht zu stören. Es gehört einfach dazu, wenn wir uns mit Gott vorwärtsbewegen. Er möchte sehen, ob uns das, was er tut, peinlich ist. Werden wir Menschen oder Gott fürchten? Das ist der eigentliche springende Punkt. Was das Phänomen angeht, ist es sehr einfach. Federn erscheinen aus dem Nichts. Zuerst dachte ich, dass Vögel in den Schächten unserer Klimaanlage in den Gemeinderäumen genistet hätten. Dann fielen auch in anderen Räumen der Gemeinde, bei uns zu Hause und in Restaurants Federn herunter. Sie sind ein Zeichen, das einen zum Staunen bringt.

Mehr Sinn muss für mich nicht dahinterstecken. Ich muss das nicht verstehen oder eine tiefe Botschaft daraus empfangen. Ich freue mich einfach darüber als eine Tat Gottes. Taten Gottes sollten nicht danach bewertet werden, was dabei herauskommt. Sie werden wertgeschätzt, weil sie von Gott kommen.)

Unsere erste Heilung einer tauben Frau war auch sehr faszinierend. Noch nie in ihrem Leben hatte sie irgendetwas gehört, sie war hundertprozentig taub. Ich weiß noch, dass sie an einem Sonntagabend während einer erwecklichen Veranstaltung geheilt wurde. Überall im Raum wurden Menschen stark von Gott berührt. Jemand betete für sie, und sie zeigte zur Decke hin, wo die Lautsprecher waren. Jemand sagte: „Gerade wurde eine taube Frau geheilt." Also lief ich zu ihr hinüber, um mit ihr zu sprechen.

„Wie können Sie hören? Wie ist es passiert?", fragte ich sie. Ich brauchte eine Minute, um zu begreifen, dass sie ja gar keine Worte kannte, weil sie ja nie gesprochen hatte. Plötzlich erkannte ich, dass sie kein Wort von dem verstand, was ich sagte. *Du meine Güte*, dachte ich. *Noch nie in ihrem Leben hatte sie so etwas wie Worte gehört.* In den folgenden Tage brachten ihre Verwandten ihr das Sprechen bei. Es war faszinierend.

Bei einer anderen Erneuerungsveranstaltung war eine junge Frau, die, während sie hinten im Raum tanzte, stolperte und sich den Fuß brach. Als Krankenschwester in der Notaufnahme wusste sie, wie ein gebrochener Knochen aussah. Ihrer stach zwar nicht durch die Haut durch, aber er drückte gegen die Hautoberfläche. Sie ging auf einen Mann zu und fragte: „Glaubst du, dass Gott dies heilen wird?"

Er antwortete: „Ich bete für dich."

Sie antwortete: „Du bist nicht der Richtige." Sie ging zu jemand anderem, zu einem unserer Sprecher, und sagte: „Glaubst du, dass Gott das heilen wird? Ich habe mir gerade den Fuß gebrochen."

Er antwortete dasselbe wie derjenige vor ihm: „Ich bete für dich."

Wieder antwortete sie: „Du bist nicht der Richtige." Dann ging sie zu Cal Pierce (das war, bevor er nach Spokane zog) und sagte: „Glaubst du, dass Gott das heilen wird? Ich habe mir gerade den Fuß gebrochen."

Cal antwortete: „Ja, das glaube ich."

Er betete, und der Knochen kam wieder in seine ursprüngliche Position zurück. Sie war vollständig geheilt; nur Augenblicke später war sie wieder in der Lage zu tanzen und alles Mögliche zu tun. Bei uns sind eine Menge von gebrochenen Knochen geheilt worden.

Randy: Wusstest du, dass heute Abend auch so ein Wunder geschehen ist? Eine Frau kam herein, die kurz vorher in ein Loch getreten ist. Ihr gebrochener Fuß war ganz einbandagiert. Es war ein frischer Bruch und sie hatte starke Schmerzen. Sie konnte den Fuß in keiner Weise belasten. Kurz vor dem Gottesdienst hatte ich mit diesem Ehepaar zusammen zu Abend gegessen. Ihr Mann war einer der Leute, die nach vorne gekommen sind, um für den geistlichen Dienst eingesetzt zu werden. Sie kam auf Krücken herein.

Bill: Eigentlich hatten sie die Frau nach dem Abendessen mit dir in einen Rollstuhl gesetzt.

Randy: Richtig. Während der Anbetungszeit hat niemand für sie gebetet. Nach der Anbetungszeit luden wir die Leute ein, nach vorne zu kommen, die zum Dienst eingesetzt werden sollten. Sie kam mit ihrem Mann nach vorne, gab mir ein Zeichen und sagte: „Ich wurde während der Anbetung geheilt!" Es geschah heute Abend.

Bill: Ich weiß, dieses Interview dauert nun schon lange, aber lass mich dir noch eine Sache erzählen, die mir aufgefallen ist. Ab und zu habe ich damit herumexperimentiert, wir haben es getestet und folgendermaßen beurteilt: Wenn ich zu Beginn einer Versammlung ausspreche: „Es ist normal, dass Tumore in der Gegenwart des Herrn verschwinden", werden in 80 bis 90 Prozent der Fälle in dieser Versammlung Tumore verschwinden. Wenn ich es nicht vorher sage und wir einfach so für Tumore beten, ist es nicht so wahrscheinlich, dass sie verschwinden.

Randy: Ich würde diesem Prinzip teilweise beipflichten. Es ist kein Prinzip, bei dem ich glaube, dass es für absolut jeden funktioniert – zum Beispiel klappt es nicht bei Anhängern der New-Age-Bewegung, die glauben, dass sie ihre eigene Realität mit ihren Worten kreieren können. Aber in dem Zusammenhang, in dem du darüber sprichst, Bill, stimme ich voll und ganz überein. Proklamationen, die auf dem Glauben an Gott und seine Treue gegründet sind, können einen Riesenunterschied ausmachen, genau so wie du es beschrieben hast.

Hast du eine bestimmte Erwartungshaltung, wie viele Menschen in einer Versammlung prozentual geheilt werden, sowohl in anderen Ländern als auch in den Vereinigten Staaten? Kündigst du jemals an: „Ich weiß, dass Gott heilen wird, und es werden mindestens so und so viele sein ...?"

Bill: Ich glaube, ich habe das einige Male gemacht. Bei dir habe ich das einige Male beobachtet. Es passierte gestern oder vorgestern Abend. Es war erstaunlich. Du hast eine bestimmte Anzahl von Heilungen ausgerufen, und diese Zahl traf genau zu. Ich bin in dieser Hinsicht noch nicht so weit vorgedrungen.

Randy: Das hat mich begeistert. Zuerst waren es zwanzig und dann sechs. Das hat mir viel Spaß gemacht, denn es bestätigte mir: *Wow, ich habe wirklich vom Himmel gehört.*

Es war jedoch kein Wort der Erkenntnis, und es war auch keine Gabe des Glaubens. Und doch ist es eine Art von Glauben. Weißt du, was ich meine? Dass ich eine Gabe des Glaubens habe, kommt recht selten vor; damit meine ich die Art von Glauben, bei der ich weiß, dass etwas Bestimmtes passieren wird. Ich glaube wirklich, wenn man eine solche Gabe des Glaubens hat, wird geschehen, was immer man ausspricht. Wenn nicht, war es nicht wirklich die Gabe des Glaubens. Die Gabe des Glaubens beinhaltet schöpferische Wunderkraft.

Was die Anzahl der Heilungen angeht, habe ich dies überall verfolgt. Ich habe immer gezählt und mir einen Überblick über die Anzahl der Menschen verschafft, die geheilt wurden. Als wir in deine Gemeinde kamen, war dies ein großer Durchbruch für mich, was die Zahlen angeht. Bis dahin erlebte ich in Gemeinden deiner Größe, wenn ungefähr tausend Leute bei einer Versammlung sind, dass um die dreißig Menschen errettet wurden oder sich Jesus neu hingaben, dass etwa dreißig Menschen Befreiung erfuhren und dreißig geheilt wurden. Dreißig von Tausend sind drei Prozent. Diese Anzahl haben wir erreicht. Und ich werde niemals die Nacht vergessen, in der der Durchbruch geschah. Ich zählte 25 Heilungen, die durch ein Wort der Erkenntnis kamen. Falls du dich noch erinnern kannst, hatte ich dann einen Eindruck.

Bill: Ja, ich kann mich erinnern.

Randy: Der Eindruck war, als würde der Herr sagen: „Ich möchte, dass du so bist wie Abraham, aber ich möchte, dass du gemäß des Maßes deines Glaubens in die andere Richtung gehst."

So sagte ich der Menge: „Ich empfinde, dass Gott gerade Folgendes gesagt hat ..." Und ich fragte sie: „Glaubt ihr, dass er müde ist?"

„Nein!"

„Denkt ihr, dass ihm die Kraft ausgegangen ist?"

„Nein!"

„Ich werde ihn um fünfzig Heilungen bitten."

Wir haben dann gebetet und danach gezählt, und ich glaube, es waren zwischen 45 und 50. So haben wir das Ganze wiederholt und ihn diesmal um 75 gebeten. Und beim dritten Mal waren es genau 75. Diese Menge an Heilungen war dreimal so groß wie normalerweise im Verhältnis zur Größe der Gruppe. Was ich in dieser Nacht in Bezug auf „um mehr bitten" gelernt habe, war: Worum du bittest, baut deinen Glauben auf, also bat ich um 100. Als wir zählten, waren es über 100. Vielleicht 125 oder 134 oder so.

Bill: Ich glaube, es waren 129.

Randy: Hinterher kam jemand zu mir und sagte: „Warum hast du dir so viel Zeit dafür genommen? Warum hast du nicht einfach von vornherein Gott um hundert Heilungen gebeten?"

Diese Person hatte das Prinzip überhaupt nicht verstanden. Gott hat ja gesagt, dass wir „gemäß des Maßes unseres Glaubens" bitten sollen. Gemäß meines Glaubensmaßes konnte ich nicht gleich von 25 auf 100 gehen. Ich wusste, dass meine Erwartung am Anfang nicht so hoch war. Aber ich habe in jener Versammlung eine riesige Lektion gelernt, der ich in vielen Versammlungen seitdem gefolgt bin. Wir gelangen an einen bestimmten Punkt und ich denke mir: *Das ist nicht genug Herrlichkeit für Gott. Das ist noch nicht stark genug.* Also bitte ich ihn um mehr, und das Maß meines Glaubens nimmt zu.

Daraufhin habe ich wirklich angefangen, auf die Zahlen zu achten. Ich stellte fest, dass zu jener Zeit in den Vereinigten Staaten meist mindestens 10 Prozent aller Menschen in einer Versammlung geheilt wurden. (Das war früher, in den letzten paar Jahren haben wir viel größere Durchbrüche erlebt.) Und dann waren wir einmal in Brasilien, und es hat mich wirklich umgehauen. Ich machte etwas, das wie eine Glaubensaussage aussah, aber in Wirklichkeit keine war. Du warst auch mit dabei. Es waren um die 8000 Menschen in einer überdachten Arena zusammengekommen, und es erschien mir riesig. Es war die größte Versammlung, die ich bis zu diesem Zeitpunkt gesehen hatte.

Ich stand auf und machte aus dem Stehgreif eine Proklamation. Ich kann nicht sagen, dass es eine Glaubensproklamation war, es war nicht so wie die Gabe des Glaubens, aber ich habe es im Glauben gesprochen. Und seit dieser Nacht mache ich fast überall, wo ich hinkomme, diese Art von Proklamation. Ich wusste, dass 10 Prozent der Menschen vor Ort geheilt werden würden. Das wusste ich, weil ich ja wie gesagt immer die Heilungen gezählt hatte. Und es waren jedes Mal mindestens 10 Prozent gewesen, das war also das Minimum. So stand ich auf und erklärte: „Bevor wir heute Nacht nach Hause gehen, werden mindestens 800 Menschen geheilt sein."

Die Menschenmenge war außer Rand und Band! Und ich dachte: *Sie wissen nicht, dass dies nur das Minimum wäre. Es sind 8000 Leute hier versammelt, und 800 davon sind nur 10 Prozent. Das war ja nur die Mindestzahl, die wir bisher gesehen haben.*

Für mich baut solch eine Glaubensproklamation Glauben auf, und es ist nicht anmaßend. Alan Hawkins, ein Freund von mir, der ein erfahrener Pastor und einer meiner pastoralen Berater ist, sagte mir einmal, er habe gedacht, ich sei anmaßend. Deshalb erklärte ich es ihm folgendermaßen: „Alan, es war überhaupt nicht anmaßend. Es war so, dass ich Glauben an Gottes Treue hatte, weil ich so viele Male beobachtet habe, wie er 10 Prozent der Menschen geheilt hat."

Ich hatte tatsächlich die echte Erwartung, dass überall, wo wir hingingen, mindestens 10 Prozent der Menschen geheilt werden würden. Ja, ich wäre schockiert gewesen, wenn es weniger gewesen wären. Ich denke, dass da ein Prinzip dahintersteckt: Wenn wir etwas oft genug erlebt haben, baut das einen Glauben in uns auf. Und das ist keine Anmaßung, überhaupt nicht. Es ist einfach der Glaube: „Ich weiß, dass Gott dies tun wird!"

Bill: Ich würde diese Sache so beschreiben: Ich empfinde, dass Gott mir ein bestimmtes Gebiet anvertraut hat. Wenn ich nicht weiß, was ich in einer Versammlung tun soll, kann ich mit dem beginnen, wovon ich weiß, dass Gott es in der Vergangenheit getan hat. Genau darüber hast du gesprochen, diese Art von Proklamation. In deinem Fall geht es darum, zu proklamieren, wie viele Menschen in einer Versammlung geheilt werden. In meinem Fall ist es vielleicht, dass ich proklamiere: „Tumore werden in der Gegenwart des Herrn verschwinden." Aber ich wende dasselbe Konzept an wie du. Wenn wir unser Momentum in Gott nutzen – das, was uns in Gott bereits gelingt –, dann können wir voller Überzeugung etwas proklamieren oder einen Aufruf für eine bestimmte Krankheit machen.

Zum Beispiel könnte ich ansagen: „Der Herr wird jetzt Unfallopfer heilen." Dafür brauche ich kein Wort der Erkenntnis; in einem gewissen Sinn empfange ich auch keine Inspiration. Es ist einfach so, dass das Teil meiner Geschichte mit Gott ist. Ich weiß: Das ist Teil meiner Geschichte, und wir haben ein Momentum für diesen Bereich von Heilung.

Randy: Bei mir trifft das auf Menschen mit Metallteilen in ihrem Körper zu. Das ist alles.

Bill: Aber das ist eine gewaltige Sache. Es ist so paradox – die eigenartigsten Heilungen, die bei dir passieren, fallen dir am leichtesten auszurufen.

Randy: Und ich kann es gar nicht erklären, aber es begeistert mich so. Ich weiß, dass ich damit nichts zu tun habe, außer dass ich erkläre, dass Gott Menschen heilen wird, die Metallteile in ihrem Körper haben. Über die letzten dreizehn Monate hinweg und all die Veranstaltungen, die wir hatten, kam nur dreimal vor, dass jemand nicht von einem Problem mit Metall in seinem Körper geheilt wurde. Beim ersten Mal hat mich das sehr aufgeregt, weil ich wirklich erwartet hatte, dass es geschieht. Dann war da diese kleine Kirche in Paris, wo nur ein oder zwei Menschen Metall in ihrem Körper hatten. Genau dasselbe wie an einem anderen Ort, wo auch nur zwei oder drei Menschen Metallteile in sich hatten. Das war erst vor Kurzem, aber bei allen anderen Anlässen außer diesen dreien hat Gott immer geheilt. Ich weiß, es ist nicht mein Glaube – ich habe keinen Glauben an meinen Glauben. Aber immer wieder habe ich Gottes Treue gesehen. Ich habe einen Glauben, der aus seiner Treue in diesem Bereich geschaffen wurde. Ich würde es nicht wagen, das zu diesem Zeitpunkt in irgendeinem anderen Bereich zu tun. Es wäre nicht wahrhaftig oder integer in Bezug auf das, was ich wirklich weiß.

Bill: Richtig, denn wir beide wollen keine Aussagen machen, die nur künstlich Wirbel machen. Das ist das Letzte auf der Welt, was wir tun möchten. Aber man fängt an, gewisse Dinge in bestimmten Bereichen wahrzunehmen, und man kann Gottes Herz darin spüren. So habe ich dann gelernt, solche Proklamationen auszusprechen. Nicht aus irgendeiner Laune heraus, sondern aus der Überzeugung, dass dies im Königreich Gottes normal ist, also proklamierst du es einfach. Und es fängt an zu geschehen.

Randy: Es ist nun halb zwei Uhr nachts, und aus unserem einstündigen Interview ist ein zweistündiges geworden. Ich freue mich sehr darüber und danke dir, dass du dir die Zeit genommen hast. Es hat mir sehr viel Spaß gemacht, dich zu interviewen, und ich habe so viel von dir gelernt. Es ist so, wie wenn Eisen ein anderes Eisen schärft. Ich glaube, dass besonders dieses Interview jenen sehr hilfreich sein wird, die im Heilungsdienst wachsen. Es wird Menschen, die Hunger danach haben, dass mehr passiert, wichtige Einsichten und Erkenntnisse verleihen. Und ich weiß, dass wir das noch einmal machen werden. Wir machen uns weiterhin Notizen und halten uns bereit, diese miteinander auszutauschen. Schließlich möchte ich, dass viele solcher Interviews den Schülern der Schule von Global Awakening zur Verfügung stehen, vielleicht als Teil eines christlichen Programms für ein Zertifikat im Heilungsdienst. Zur Zeit beinhalten einige unserer Kurse Lehre und Praxis im Wechsel; einige bestehen nur aus Lehreinheiten. Wozu mich

Interviews wie dieses inspiriert haben, ist, einmal einen Kurs zusammenzustellen, der nur aus Interviews besteht.

Bill: Das ist ausgezeichnet. Ich freue mich auf weitere solche Interviews. Es hat mir wirklich Spaß gemacht.

Randy: Ich möchte etwas zu all den Menschen sagen, die diese DVDs anschauen oder dieses Buch mit unseren Interviews lesen: Für Sie ist eine außergewöhnlich günstige Zeit angebrochen, um zu lernen. Bill und ich, wir beide weisen zusammen schon fast 80 Jahre an Erfahrungen im Dienst auf. Bill, wie lange bist du schon im Dienst?

Bill: Ich bin seit 37 Jahren im Dienst.

Randy: Und ich seit 40 Jahren, das macht zusammen 77 Jahre. Wir sind ja noch nicht so alt – wir haben einfach jung angefangen!

Wo wir gerade von Interviews sprechen: Ich hatte die Gelegenheit, mit meinem Vater ein solches Interview über sein ganzes Leben zu führen. Das Interview dauerte ein oder zwei Stunden, und es ist so kostbar. Ich habe ihn auf GarageBand (einem Software-Programm für Aufnahmen) interviewt und habe Dinge von ihm erfahren, die ich vorher noch nie gehört hatte. Als mein Sohn Josh das sah, der jetzt 29 ist, kam er zu mir und sagte: „Dad, das will ich auch mit dir machen."

Ich sagte: „Sohnemann, mein Dad ist schon 79 Jahre alt. Ich bin doch erst 59! Wir sollten noch eine Weile warten."

Josh sagte: „Nein, ich möchte es jetzt schon machen, solange du dich noch erinnern kannst. Und dann werde ich es nochmals machen, wenn du älter bist, bevor du Dinge vergisst."

Bill: Das ist echt köstlich!

Randy: Also an alle, die diese Interviews sehen oder lesen: Bill und ich teilen Dinge mit, solange wir noch in der Lage sind, uns zu erinnern. Ich weiß, es gibt Dinge, die ein Mensch nie vergisst, aber es gibt Details, die man vergessen kann.

Bill, schreibst du eigentlich ein Tagebuch über die dramatischeren Einsichten und Heilungen in deinem Dienst?

Bill: Ich habe das früher gemacht und spiele mit dem Gedanken, es wieder anzufangen. Irgendwie muss ich ein System finden, mit dem ich so etwas beständiger tun kann.

Randy: Ich weiß, ich kann kein Tagebuch schreiben, aber in der Vergangenheit habe ich Chad Cromer darum gebeten. (Er war mehr als ein Jahr lang mein persönlicher Assistent und hat großartige Arbeit geleistet; es benötigte zwei Männer, um ihn zu ersetzen!) Chad hat die Geschichten der Menschen aufgeschrieben, die auf der Bühne standen und Zeugnis gaben. Wir haben alle Geschichten zu den Heilungen, die in den letzten zwölf Monaten auf Kamera festgehalten wurden. Eines Tages habe ich mich hingesetzt und angefangen, die Aufzeichnungen zu lesen, weil ich mich einfach nicht an alles erinnern kann. Ich habe um die zwanzig Seiten davon gelesen und musste innehalten und über die großartigen Dinge staunen, die Gott tut. Mein Glaube war danach auf Hochtouren! Eines Tages möchte ich ein kleines Buch schreiben, nicht über mein ganzes Leben, sondern nur über ein Jahr und was Gott darin getan hat. „Hier können Sie nachlesen, was in einem Jahr alles passiert ist ..." Das wäre sehr glaubensstärkend!

Bill: Mary Berck, meine persönliche Assistentin, erfasst die Heilungsberichte für mich. Sie schreibt sie auf, das ist sehr hilfreich. Wie du schon sagtest, ist es wirklich ermutigend, wenn man sie noch einmal durchliest.

Randy: Vielen Dank noch mal, Bill, dass du dir die Zeit genommen hast, dies zu tun. Es war großartig.

Bill: Danke, Randy. Es hat mir gefallen, und ich habe etwas gelernt.

Randy: Ich auch.

TEIL 2

Bill Johnson interviewt Randy Clark

KAPITEL 7

Ein Hunger nach Heilung

Bill: Heute habe ich das große Vorrecht, Randy Clark zu interviewen, der hinsichtlich Zeichen und Wundern wahrscheinlich die einflussreichste Person in meinem Leben ist. Sein ganzer Lebensstil steht beispielhaft für ein geisterfülltes Leben, in dem sich Gott erweist und außergewöhnliche Dinge tut. Ich wünschte, ich hätte als junger Mann solchen Menschen wie Randy, die mein geistliches Leben geprägt und Zeichen in der Geschichte gesetzt haben, mehr Fragen stellen können. Heute nun haben wir das Vorrecht, genau das zu tun. Ich werde Randy einige wichtige Fragen über seine geistliche Entwicklung in der Vergangenheit und Gegenwart stellen, und ich freue mich darauf, zu hören, was er zu sagen hat, und aus seinen Antworten zu lernen.

Gleich zu Beginn, Randy, welche Geschehnisse und Erfahrungen in deinem Leben haben dich spezifisch in einen Heilungsdienst geführt? Wie fing deine Salbung für Durchbrüche im Bereich von Wundern an?

Randy: Bill, ich denke, das erste Erlebnis, das mein Interesse für Heilung weckte, war eine entsprechende Erfahrung meiner Großmutter mütterlicherseits. Sie hatte einen großen Kropf an ihrem Hals, damals, bevor Ärzte entdeckten, wie man das mit Jod behandeln konnte. Als junge Christin lebte sie in einem kleinen

Haus aus Betonblöcken mit vier Zimmern. Dort vernahm sie die hörbare Stimme Gottes, wie sie ihr sagte: „Gehe in das andere Schlafzimmer und bete, und ich werde dich heilen." Sie fragte nicht: „Warum nicht an Ort und Stelle?" Mit kindlichem Glauben ging sie einfach in das andere Schlafzimmer und fing an zu beten. Sie erzählte mir, es habe sich angefühlt, als würde eine heiße Hand an ihrem Hals entlangstreichen, und der Kropf verschwand sofort. Ich war vier oder fünf Jahre alt, als sie mir diese Geschichte erzählte, und ich habe sie nicht mehr vergessen. Sie hat einen Hunger nach Heilung in mir geweckt.

Im gleichen Alter saß ich auf dem Schoß meiner Urgroßmutter und schaute ein Programm mit Oral Roberts auf einem Schwarzweißfernseher. Noch heute kann ich mich daran erinnern, wie ich dort saß und die gesamte Sendung anschaute, und ich war fasziniert von den langen Schlangen von Menschen, für die um Heilung gebetet wurde.

Als ich sechs Jahre alt war, hatte meine Mutter eine Erfahrung mit der Realität Gottes und dem Übernatürlichen. Ihr Geist wurde aus ihrem Körper herausgenommen und in den Himmel geführt. Tage danach, besser gesagt, die folgenden vierzig Jahre, konnte sie nicht darüber sprechen, ohne zu weinen. Dad hatte sich damals, als dies geschah, vom Herrn abgewandt und machte ihr das Leben schwer. Während er viele Stunden nicht zu Hause war und arbeitete, musste sie sich um drei kleine Kinder kümmern. Jesus war auf Mama zugekommen und hatte ihr, ohne etwas zu sagen, vermittelt, dass alles gut ausgehen würde. Und dann kam ihr Geist wieder in ihren Körper zurück. Als ich später aufs College ging, befragte ich zwei Männer, die dabei waren, als dies mit ihr geschah. Sie sagten, ihre Haut sei kalt gewesen und sie habe keinen Pulsschlag mehr gehabt, als ob sie gestorben wäre. Alles geschah auf dem Weg zum Auto nach einem Gebetstreffen in einem Privathaus. Ich habe die Geschichte schon so oft gehört. (Mir ist klar, dass einige Menschen so etwas ziemlich abgehoben finden und nichts damit zu tun haben wollen, aber angesichts der vielen Bücher mit Geschichten über solche außerkörperlichen Erfahrungen, die man heute findet, sehe ich persönlich es nicht so.) Ich glaube, meine Mutter hatte wirklich eine mächtige Erfahrung mit Gott, und das hat die ganze Sache mit Jesus und dem Himmel bzw. dem Übernatürlichen sehr real für mich gemacht.

Als ich zwölf war, entdeckten die Ärzte, dass meine Sonntagsschullehrerin einen Tumor in der Größe einer dieser runden Wassermelonen hatte. Es war sehr ernst, weswegen jeder in unserer kleinen Baptistengemeinde (ich bin als Baptist aufgewachsen) für sie gebetet hat. Und ich weiß noch, dass, als die Ärzte sie operierten und ihren Körper öffneten, sie entdeckten, dass der Tumor überhaupt keine Verbindungen zu irgendetwas hatte. Er war auch bereits zur Größe einer Grapefruit oder eher einer Orange geschrumpft und fiel einfach aus ihrem Körperinneren heraus.

All diese Heilungsereignisse habe ich während meiner Kindheit verinnerlicht, sodass Heilung wirklich real für mich war. Aber ich hatte aufgrund schlechter Theologie trotzdem diesen Komplex, was das Thema anging. Ich hielt meine Großmutter für eine der heiligsten Personen, die ich je getroffen habe. Sie hat die ganze Zeit angebetet, in allem, was sie tat, und sie hörte immer christliche Radiosender. Erst später habe ich erfahren, dass sie Analphabetin und es deshalb so war. Meine Sonntagsschullehrerin hatte nur eine Bildung auf dem Stand der zweiten Klasse, aber ich fand, dass sie – außer meiner Großmutter – Jesus mehr geliebt hat als irgendjemand sonst. Meine Sicht der Dinge war deshalb die: Wenn du heilig bist – wirklich ganz nah bei Gott -, hast du die Chance, vielleicht geheilt zu werden.

Als ich sechzehn war, bekam mein Großvater mütterlicherseits Prostatakrebs. Mit ihm saß ich meist in der Ecke der kleinen Baptistenkirche, in der immer Amen gerufen wurde, während meine Großmutter immer in der Ecke saß, in der laut gerufen wurde. Der Krebs hatte sich bereits in seine anderen Organen und in seine Knochen ausgebreitet. Ich habe für ihn gebetet und ihn eingerieben; er hatte starke Schmerzen! Er bekam einen künstlichen Darmausgang, aber er hat nicht überlebt. Im Alter von 62 Jahren starb er. Wir hatten dieselben Menschen um Gebet für ihn gebeten wie bei meiner Sonntagsschullehrerin. Als er dann starb, war das eine echte Entmutigung. In Bezug auf Heilung hat es mich durcheinandergebracht.

Mit nur sechzehn Jahren konnte ich diese beiden unterschiedlichen Geschichten in meiner Familie über meine Großmutter und meinen Großvater nicht miteinander vereinbaren. Mit achtzehn hatte ich dann dem Herrn den Rücken gekehrt. Als das geschah, wusste ich, dass ich zu ihm zurückkehren wollte – ich wollte nur für eine Weile „das Land der verlorenen Söhne" besuchen. Ich kam also immer noch in die Gemeinde, war aber ein Heuchler. Ich wollte nicht ganz von der Gemeinde weggehen, da ich Angst hatte, ich würde sonst so tief in die Sünde rutschen, dass ich nicht mehr „nach Hause" finden könnte. Das erklärt zum Teil die Heuchelei, die zu der Zeit in meinem Leben geherrscht hat, aber nach elf Monaten konnte ich es nicht mehr aushalten. Ich kehrte zum Herrn zurück und an einem Sonntagabend gab ich ihm mein Leben ganz neu.

Am darauffolgenden Donnerstag, am 15. Oktober 1970, kam ich bei einem Autounfall fast ums Leben. Mein zweitbester Freund, der direkt neben mir saß, starb dabei. Seine Schwester wurde schwer verletzt, und ich hatte auch einige schwere Verletzungen. In meinem Gesicht erhielt ich sechzig Stiche, drei Stellen von der Größe einer mittelgroßen Münze an meinem Haaransatz waren völlig eingedrückt, und wenn du mit dem Finger über meine Stirn gestrichen hättest, hättest du dort so viele Brüche gespürt, dass es dir wie ein Waschbrett vorgekommen wäre. Einige Knochenteile waren verschwunden und fehlten ganz und gar. Ein Kieferknochen war völlig zerstört, und der Arzt sagte, er müsse ganz neu gerichtet werden. Der Wangenknochen auf dieser Seite war völlig zertrümmert, meine Rippen waren gebrochen und die Brustwirbel und der Wirbelsäulenbereich waren 10 bis 15 Prozent zusammengestaucht. Es fühlte sich an, als wäre eine neun Zentimeter lange Messerklinge in mich hineingerammt worden. Mein Darm war gelähmt, meine Nieren funktionierten nicht und in meinem Urin war Blut. Man legte eine Schlauchpumpe in meinen Magen und ich bekam einen Katheter. Alle drei Stunden gab man mir 50 Milligramm Demerol. Das hat mich zum Einschlafen gebracht. Sobald ich aufwachte, bettelte ich um die nächste Spritze, weil es so sehr weh tat.

Damals war ich also achtzehn und gerade zum Herrn zurückgekehrt. Ich war ein abtrünniger Heuchler gewesen und wusste, dass ich nicht so heilig war wie meine Großmutter und meine Sonntagsschullehrerin. Dennoch hatten wir einen Monat später eine

Reihe von evangelistischen Veranstaltungen geplant, die wir „Erweckungsveranstaltungen" genannt haben, obwohl sie meistens mit Erweckung im eigentlichen Sinn nicht viel zu tun hatten. (Wahre Erweckung ist durch eine ungewöhnliche Gegenwart Gottes charakterisiert, die Menschen zum Herrn hinzieht, mit vielen Bekehrungen als Folge tiefer Sündenerkenntnis. Die meisten „Erweckungsversammlungen", die wir hatten, waren eigentlich geplante evangelistische Veranstaltungen, manchmal mit Aufhängern wie „Bekomme eine Kirchenbank voll".)

Von dem vollen Ausmaß meiner Verletzungen hatte ich keine Ahnung. Ich wusste nicht, dass man meinem Vater und meiner Mutter gesagt hatte, ich müsse zwischen sieben und elf Wochen im Krankenhaus bleiben, und es war mir nicht klar, wie schwer verletzt ich war. Ich wusste auch nicht, dass, wenn man eine schwere Wirbelsäulenverletzung erlitten hat, die Wirbelsäule in den kommenden Tagen noch anschwellen und es zur Lähmung führen kann, auch wenn man zunächst nicht gelähmt war. Um all das wusste ich nicht. Das Einzige, was sie mir sagten, war, dass ich noch nicht einmal ein Kissen haben dürfe, und: „Bitte bewege dich auf keinen Fall! Beuge deinen Rücken nicht! Versuche nicht, aufzustehen!" Wenn ich etwas brauchte, kamen drei Krankenschwestern auf einmal herein und wendeten mich wie einen Baumstamm, wobei sie sicherstellten, dass sich mein Rücken dabei nicht bewegte oder verdreht wurde.

Inmitten dieser Situation kam mein Großonkel, der ein Pfingstprediger war, ins Krankenhaus, um mich zu besuchen und für mich zu beten. Auch mein Pastor betete für mich; viele Menschen beteten für mich. Während der ersten drei oder vier Tage wechselte ich ständig von Bewusstsein zu Bewusstlosigkeit und zurück. Wenn ich zu mir kam und es schaffte, bei Bewusstsein zu bleiben, sagte ich jedem: „Ich werde bei dieser evangelistischen Veranstaltung sein." Bis dahin waren es noch 28 Tage, und der Arzt hatte ja gesagt, dass ich mindestens 49 Tage im Krankenhaus bleiben müsste, und wahrscheinlich sogar viel länger. Mir war klar, was sie alle dachten: *Ja, sicher, das wirst du ...*

Ich wusste, dass sie mir nicht glaubten, aber aus irgendeinem Grund glaubte ich, dass ich bei dieser Veranstaltung dabei sein würde. Das Erste, was geschah, war, dass sie mich ins Barnes

Krankenhaus überwiesen haben, dem größten in St. Louis, weil mein Verdauungstrakt nicht funktionierte und man sehen wollte, ob man mir dort helfen konnte. Die Jugendgruppe meiner Gemeinde hatte am Abend davor für mich gebetet, und sie empfanden, dass Gott ihnen eine Gewissheit gegeben hätte, dass alles wieder in Ordnung kommen würde. Als die Ärzte mich am nächsten Morgen untersuchten, funktionierte mein Darm ganz normal, also zogen sie den Schlauch heraus. Aber ich stellte dabei noch nicht die Verbindung zu meiner Heilung her, noch sah ich keinen Zusammenhang. Ich war einfach dankbar, dass der Schlauch aus meiner Nase gezogen wurde!

Dann kam ein Spezialist, um meinen Kiefer zu richten. Er schaute ihn an und sagte: „Beiß deine Zähne zusammen." Dann sagte er: „Mach es nochmal! Nochmal!" Er überprüfte es viermal und sagte: „Das verstehe ich nicht. Ich bin hierhergekommen, um deinen Kiefer zu richten, aber er ist schon gerichtet." Als er nun das sagte, konnte ich eins und eins zusammenzählen und sagte: „Oh, der Herr ist dabei, mich zu heilen."

Und dann passierte eine dritte Sache. Noch immer nahm ich alle drei Stunden Demerol gegen die Schmerzen, aber weil man es nicht mehr in meinen Arm spritzen konnte, gaben sie mir die Spritzen in meinen Oberschenkel. Als ich jedoch eines Morgens aufwachte, hatte ich auf einmal keine Schmerzen mehr. Das geschah nach ungefähr fünfzehn Tagen, die Schmerzen waren verschwunden!

Noch durfte ich mich nicht bewegen, da man mich ernsthaft davor gewarnt hatte. Also fragte mein Dad mich, was ich tun könne, solange ich noch im Krankenhaus war. Ich sagte ihm: „Bring mir eine Bibel." Obwohl ich als Kind in die Gemeinde gegangen war, hatte ich wirklich nicht sehr viel in meiner Bibel gelesen. So fing ich an, das 1. und das 2. Buch Mose und fast das ganze Neue Testament zu lesen. Während ich über Jesus las, verliebte ich mich in ihn ganz aufs Neue. Und die Bibel war so lebendig.

Ich erinnere mich daran, dass ich folgende Passage las: „Was ist schon euer Leben? Ein Dampfwölkchen seid ihr, das für eine kleine Weile zu sehen ist und dann wieder verschwindet" (Jak 4,14 NGÜ). Ich habe sie markiert und dachte: *Das ist wirklich die Wahrheit.* Obwohl ich dachte, dass ich überleben würde, lief zu einem

Zeitpunkt mein Leben plötzlich wie ein Film vor mir ab und mir wurde deutlich: *Wow, es war so kurz!* Ich hatte viel erreicht; ich war Präsident der Klasse der Studienanfänger und Leiter der Studienjunioren gewesen; ich hatte mich im Sport und allem Möglichen engagiert. Und ich dachte: *Nichts davon ist von Bedeutung. Das Einzige, was wirklich Bedeutung hat, ist das, was ich für und mit Jesus getan habe.* Dann brachte man mir Fotos von dem Auto, in dem wir waren, und mir wurde klar: *Es ist ein Wunder, dass jemand diesen Unfall überlebt hat.* Nachdem ich die Bilder gesehen hatte, betete ich eines Abends: „Herr, du hast mein Leben bewahrt – ich gebe es an dich zurück. Ich werde alles tun, was du möchtest." Doch fügte ich hinzu: „Aber ich will nicht predigen."

Als ich mit 16 Jahren errettet wurde, empfand ich, dass Gott mich vielleicht zum Predigen berufen hätte, aber ich versuchte das zu ignorieren. Ich hatte Angst, wenn ich ein Prediger würde, dass ich mich vielleicht vom Herrn abwenden könnte und dadurch alle Menschen, die ich erreichte, negativ beeinflussen würde. Ich hatte Angst, dass ich nicht stark genug wäre; das war eigentlich das Einzige, was mich zurückhielt.

Während ich dort im Bett lag, nachdem ich in den drei Bereichen geheilt worden war, die ich erwähnt habe, bekam ich den starken Eindruck: „Setze dich auf in deinem Bett." Und ich dachte: *Herr, man hat mir doch gesagt, wenn ich mich nur ein bisschen bewege, könne ich gelähmt werden.*

Bill: Hast du erkannt, dass dieser Eindruck vom Herrn kam?

Randy: Ja, obwohl ich nie zuvor eine Erfahrung dieser Art bzw. mit solch einem intensiven Eindruck gemacht hatte. Aber ich bin dem Eindruck gefolgt; ich habe mich aufgerichtet. Ein weiterer Eindruck folgte: „Schiebe das Seitenteil deines Bettes herunter." Also habe ich das gemacht, und dann war der nächste Eindruck: „Stehe auf."

Ich dachte: *Ich hoffe, das bist wirklich du, Herr!* Ich war so davon überzeugt, dass es Gott war, dass ich selbst auf das Risiko einer Lähmung hin den Eindrücken folgte. Ich schob meine Beine über die Bettkante und stand auf. Ich band mein OP-Hemd hinten zu und trat auf den Gang hinaus.

Die Krankenschwestern waren außer sich: „He! Gehen Sie sofort zurück ins Bett! Eigentlich sollten Sie sich noch nicht einmal bewegen – wir haben Ihnen doch gesagt, dass Sie gelähmt werden könnten!"

Trotzdem blieb ich nicht im Bett. Ich verließ immer wieder das Bett und wollte auch das OP-Hemd nicht mehr tragen. Ein Freund von mir brachte mir ein paar Kleidungsstücke. Den Ärzten sagte ich: „Gott hat mich geheilt. Bitte entlassen Sie mich nach Hause."

Sie antworteten: „Nein, erst mal müssen wir Ihnen ein Stützkorsett anfertigen, und das nächste Jahr über dürfen Sie nichts heben, was schwerer als zehn Pfund ist." Nur einige Monate später jedoch arbeitete ich wieder im Ölgeschäft. Ich war vollständig geheilt.

Das Resultat dieser Heilung nach meinem Unfall war, dass ich erneut Interesse an Heilung bekam. Gleich danach wurde ich zum Predigen berufen, und Mitte Januar begann ich mit dem College. Am ersten Tag ging ich gleich in den Buchladen, um Lehrbücher und eine Bibel zu kaufen, da ich die Übersetzung, die ich besaß, im College nicht benutzen durfte. Schon da hätte mir ein Licht aufgehen sollen. Ich musste mir eine andere Übersetzung besorgen. Während ich dort im Buchladen stand, nahm ich einen Eindruck von Gott wahr, den ich nie mehr vergessen habe. Er war: *Das Thema deines gesamten Lebens wird der Heilige Geist sein.*

Für einen Baptisten meiner Denomination („General Baptists") war es nicht gerade üblich, ein solches Wort zu empfangen. Es wäre mehr ein Wort für jemanden aus einer pfingstlichen Gemeinde gewesen, aber für einen General Baptist war das ein sehr merkwürdiges Wort. Es gab mir jedoch eine Richtung vor, sodass ich jedes Mal, wenn ich die Möglichkeit hatte, einen Kurs zu belegen, der mit der Pfingst- oder der charismatischen Bewegung, dem Heiligen Geist oder der Apostelgeschichte zu tun hatte – alles, was mit dem Heiligen Geist zusammenhing -, ich ihn gewählt und mich damit befasst habe. Denn Gott hatte mir ja gesagt, dass dies das Thema meines gesamten Lebens sein würde.

Leider war mein College so liberal, dass es einen Großteil meines Glaubens und mein ganzes Feuer zerstört hat. Das Einzige, was mich davor bewahrt hat, meinen christlichen Glauben in diesem liberalen Collegeumfeld zu verlieren, war, dass ich meine eigene Heilung niemals anzweifeln konnte. Meine Heilung war die Rettung meines christlichen Glaubens. Wenn ich das nicht erlebt hätte, wäre ich heute wohl nicht im geistlichen Dienst. Wahrscheinlich wäre ich ein Agnostiker, der all diese liberalen Argumentationen gut findet und Gottes Kraft niemals persönlich erfahren hat. Obwohl mir das Erlebnis meiner Großmutter und anderes bewusst war, musste ich es für mich selbst erfahren.

Als ich das College verließ, erkannte ich, dass ich noch nicht einmal genug Glauben hatte, um im Dienst zu bleiben. Ich entschloss mich, an eine Theologische Hochschule zu gehen und dort den Advocatus Diaboli[1] zu spielen. Damit versuchte ich Antworten auf die sehr schwierigen Fragen zu finden, die durch meine liberalen College-Professoren in mir hervorgerufen wurden. Während des der Zeit an der Hochschule belegte ich einen Kurs über die Apostelgeschichte. Wir konnten aus fünfzig Themenvorschlägen das Thema für die Semesterarbeit wählen, und ich sagte meinem Professor: „Ich möchte über Heilung schreiben, aber das steht nicht auf der Liste." Ist es nicht eine Ironie, dass sich der ganze Kurs um die Apostelgeschichte drehte und Heilung noch nicht einmal eine der fünfzig Auswahlmöglichkeiten war? Es gab nichts über Heilung, Zeichen und Wunder oder etwas Ähnliches! So bat ich meinen Professor: „Würden Sie mir eine Sondergenehmigung erteilen, um über Heilung zu schreiben?"

Mir wurde die Erlaubnis dazu gegeben, und ich schrieb diese Arbeit, die ich immer noch habe. Zufällig habe ich sie zwei Abende vor diesem Interview wiedergefunden. Der Professor schrieb darauf: „Sie haben das Thema so behandelt, als wäre Heilung von zentraler Bedeutung für das Evangelium. Aber dem ist nicht so, Heilung ist nur ein Randthema. Und wenn Sie weiter einen solch festen Standpunkt darüber vertreten, werden Sie Schwierigkeiten in der Baptistenkirche bekommen."

Das sollte sich als wahr erwiesen! Aber wenn ich jene Arbeit und die Bemerkungen des Professors jetzt nochmals lese, bin ich sogar noch mehr als je zuvor davon überzeugt, dass Heilung für

---

[1] Mit dem lateinischen Ausdruck „Advocatus Diaboli", zu deutsch *Anwalt des Teufels,* wird im Bereich der Rhetorik eine Person bezeichnet, die mit ihren Argumenten die Position der Gegenseite vertritt, ohne ihr selbst anzugehören (Wikipedia).

das Evangelium von zentraler Bedeutung ist – sogar noch überzeugter, als ich es damals war. Die ganze Begebenheit hat in mir ein Fundament für Heilung gelegt, weil mein Professor mir aufgetragen hatte: „Sie dürfen über Heilung schreiben, aber keine außerbiblischen Einzelberichte mit hineinnehmen. Sie dürfen keine persönlichen Geschichten erzählen. Sie müssen das Thema erforschen."

Nach vielem Suchen fand ich ein Buch von Morton Kelsey, das mich viel über Heilung gelehrt hat, und auch darüber, dass dieses Thema sich durch die gesamte Kirchengeschichte gezogen hat. Und dieses Buch war nur der Anfang. Später, nachdem ich das Predigerseminar verlassen hatte, las ich ein Buch von Francis MacNutt über Heilung. Ich war immer noch fasziniert von diesem Thema.

Die entscheidende Erfahrung, die alles für mich besiegelt hat, begab sich, als ich 32 Jahre alt war. Seit ich 18 war, war ich bereits im geistlichen Dienst gewesen, also etwa 14 Jahre lang. Ich hatte einen jungen Mann im Alter von 20 oder 21 zum Predigen eingeladen. Er besuchte damals dasselbe College wie ich zuvor, und da ich am nächsten Tag in den Urlaub fuhr, übernahm er meinen Predigtdienst. Am Sonntagabend hörte ich ihm zu, und er machte dasselbe, was ich auch schon viele Male vorher getan hatte: Er vergeistlichte die Geschichte der Frau mit dem Blutfluss. Er gab der Geschichte eine Bedeutung, die nichts mit Heilung zu tun hatte. Dasselbe hatte ich auch schon getan. Was dann aber meine Aufmerksamkeit packte, war, dass ich plötzlich Tränen in den Augen hatte, obwohl die Predigt nur mittelmäßig war. Die Tränen strömten nicht herunter, sondern es fühlte sich so an, als schossen sie förmlich aus meinen Augen, so schnell flossen sie. *Was passiert hier?*, dachte ich. *Es hat nichts mit dem zu tun, was er sagt – so gut ist die Predigt nicht.*

Er hatte überhaupt nichts über Heilung gesagt, doch ganz plötzlich hatte ich es verstanden. Und noch heute kann ich dir den Eindruck weitergeben, den ich von Gott empfing. Er sagte: *Ich möchte, dass du lehrst, dass ich heute noch heile. Du sollst in dieser Gemeinde eine Konferenz oder ein Seminar über Heilung abhalten, und ich möchte, dass du anders predigst. Nicht mehr drei Punkte plus ein Gedicht. Du sollst sehr viel mehr meine Worte und sehr viel weniger deine Worte gebrauchen.* Er gab mir sogar genaue Anweisungen dazu: *Ich möchte, dass du eine Predigtreihe über die Botschaft und den Dienst bzw. die Worte und die Werke Jesu in den Evangelien hältst. Sammle alles zusammen und mache daraus eine chronologische Geschichte.*

Mein Eindruck war, dass ich dazu ungefähr sechs Monate bräuchte. Das war ein außerordentlich wichtiger Moment, weil er etwas für die Zukunft in Gang setzte. Als ich an diesem Abend nach Hause fuhr, rief ich einen Freund an, der seine Doktorarbeit an derselben Theologischen Hochschule geschrieben hatte, an der auch ich gewesen war. Als ich damals meine Semesterarbeit über den Heiligen Geist schrieb, schrieb er parallel an seiner Doktorarbeit, einer Kritik der pfingstlichen Theologie in den USA. Sein Name war Dr. Larry Hart. Ich rief ihn an, um ihm ein paar Fragen zu stellen, und sagte: „Larry, du bist einer der wenigen Menschen, die ich kenne, die an diese Dinge glauben." Ich kannte wirklich niemand anderen außer meinem Großonkel, und der war mir viel zu gesetzlich. Es gab gewisse Dinge an ihm, die ich bewunderte, aber andere Dinge in seiner Ausdrucksweise haben mich gar nicht angezogen. In ihm war ein bisschen Stolz; er setzte meinen Großvater herab und sagte: „Wenn die Entrückung kommt, wirst du es nicht schaffen. Du wirst etwa zwei Meter nach oben gehen und dann wieder zurückkommen, weil du Zigaretten rauchst." Aus diesem Grund wollte ich ihm nicht viele Fragen stellen; stattdessen befragte ich Larry. Ich sagte: „Ich hätte gern, dass du oder Francis MacNutt oder Morton Kelsey hierherkommen, um mir zu helfen." Damals wusste ich nicht genug über Morton Kelsey, um zu erkennen, dass er wohl keine gute Wahl gewesen wäre, weil sich später herausstellte, dass ich mit seiner Betonung der Psychologie von C. G. Jung nicht einverstanden gewesen wäre. Aber ich wollte Hilfe von Larry oder Francis MacNutt.

Larry sagte: „Ja, ich werde kommen – ich komme gerne. Aber ich habe alle an der Oral-Roberts-Universität gehört, die sich mit Heilung beschäftigen, fast jeder, den du dir vorstellen kannst, und da gibt es diesen einen Mann. Wenn du ihn dazu bewegen könntest zu kommen, wirst du den Besten einladen, den ich je gehört habe, wenn es darum geht, Laien zum Gebet für Heilung zu aktivieren."

„Wer ist das?", wollte ich wissen.

„John Wimber."

„Ich habe noch nie etwas von John Wimber gehört, und ich möchte niemanden einladen, von dem ich noch nie gehört habe."

Larry sagte: „Wenn du mich möchtest, werde ich kommen. Aber denke nochmal darüber nach; bete darüber."

Am nächsten Tag begann ich meinen Urlaub. Als ich durchs Haus ging, war gerade ein christlicher Fernsehsender eingeschaltet. Über Satellit kam eine Sendung mit Paul Crouch. Als ich am Fernseher vorbeiging, hatte ich überhaupt nicht vor, dem Programm zuzuhören, aber etwas, was gesagt wurde, erregte meine Aufmerksamkeit. Ich setzte mich kurz auf die Couch, um dem Programm zu folgen, und ich war völlig fasziniert. Dieser Typ, der da zu sehen war, verhielt sich nicht so wie die anderen, die man sonst sah. Er hatte einen ganz anderen Stil, und ich blieb eine Stunde lang sitzen, um ihm zuzuhören. *Ich weiß nicht, wer dieser Mann ist*, dachte ich, *aber was er gerade gesagt hat, das glaube ich auch. Nur hatte ich selbst nicht die Worte, es auszudrücken. Wer ist dieser Typ? Er sieht wie Kenny Rogers und der Weihnachtsmann in einer Person vereint aus.*

Am Ende der Sendung sagte Paul Crouch: „Es war unser Vorrecht, heute John Wimber bei uns in der Sendung gehabt zu haben."

Ich dachte: *Das ist kein Zufall, das war von Gott eingefädelt!*

Also nahm ich die Wiederholung am Nachmittag auf, nahm sie mit zu den Diakonen unserer Gemeinde und sagte zu ihnen: „Diesen Mann möchte ich in unsere Baptistengemeinde einladen." Ich wusste nicht, dass er nicht zu solch einer kleinen Baptistengemeinde auf dem Dorf kommen würde, und so habe ich ihn angerufen und ihn gebeten zu kommen.

Er sagte: „Ich selbst kann nicht kommen, aber ich könnte dir ein Team schicken."

Dem stimmte ich zu und dachte: *Okay, wenn du selbst nicht kommen kannst, dann werde ich ein Team nehmen.* Das war das Schlauste, was ich je getan habe. Heute bitten auch mich viele Menschen zu kommen. Wenn ich selbst nicht kommen kann, sage ich ihnen: „Aber ich kann euch ein Team empfehlen." Meistens sagen sie nein, und das ist wirklich dumm. Es war wirklich das Schlauste, das Team von John Wimber einzuladen, denn darin liegt eine Wahrheit verborgen: Das Team, das jemandem untersteht, trägt die Salbung dieser Person.

Ich brauchte etwa sechs Monate, um meine Gemeinde mithilfe des Materials, das der Herr mir während jenes Eindruckes aufzeigte, bereit zu machen. So lehrte ich meine Gemeinde Dinge über die Gaben des Geistes und bereitete sie vor, damit sie einordnen könnten, was das Team von John Wimber bei seinem Kommen vermitteln würde. Dann kamen sie: ein Prediger und vier Laien. Wir als Baptistengemeinde veranstalteten eine Konferenz mit einem der wichtigsten Leiter und einem Team der Vineyard-Bewegung, und wir hatten die gewaltigste Veranstaltung, die sie jemals in den Vereinigten Staaten gehabt hatten, sagte John Wimber. Tatsächlich hat er sogar in seinem Buch „Power Evangelism" (dt. Titel: „Vollmächtige Evangelisation") über eine Baptistengemeinde geschrieben, und das war meine Gemeinde!

Ich sah, wie Blinde sehend wurden und Taube hörten. Ich erlebte, dass ich selbst, meine Leute und meine Frau, berührt wurden. Meine Frau DeAnne war verbittert und verletzt. Ihr Vater war gerade an einer Lebersklerose wegen Alkoholkonsums gestorben und sie selbst litt an TMJD (einer schweren Erkrankung der Kiefergelenke). Gott hat sie körperlich geheilt. Sie hatte auch das Problem, bestimmte Erinnerungen nicht aus ihrem Kopf zu kriegen, und so heilte Gott sie auch emotional.

Ich empfing zum ersten Mal die Taufe des Geistes mit Kraft. Seit ich 19 war, hatte ich bereits in Zungen geredet, aber inzwischen war ich schon 32. Mir war, als wäre ich von einem heftigen Stromschlag getroffen worden. Ich erzitterte am ganzen Körper, sodass am nächsten Tag alle meine Gelenke wehtaten. Auch hatte ich in meinem Leben bisher noch nie für jemanden gebetet, der daraufhin zu Boden gefallen ist. Aber noch Monate danach betete ich für Menschen und sie fielen zu Boden. Ich bekam dann auch diese Worte der Erkenntnis.

Bill: Und all das ist in der Baptistengemeinde passiert?

Randy: Ja, das war in der Baptistengemeinde. Laien empfingen immer mehr Worte der Erkenntnis und sahen außergewöhnliche, genaue und bizarre offene Visionen. Sie sahen Engel und Dämonen und konnten die Geister unterscheiden. Vorher hatte ich mich in keinem seherischen Bereich von Offenbarung bewegt. Doch die ganz große Sache für mich – da ich mich so sehr nach mehr sehnte – war, den Eindruck von Gott zu hören, als dieser junge Typ vom College predigte. Er hatte diese eine Geschichte in den Evangelien über Heilung vergeistlicht, aber wie ich schon gesagt habe, hat Gott mir dann ganz klar gesagt, dass ich lehren sollte: *Er heilt auch heute noch.*

Damit hatte ich bereits angefangen, aber dann passierte etwas, das mir in die Quere kam. Ungefähr zwölf bis achtzehn Monate davor hatte ich in meiner Baptistengemeinde damit begonnen, eine Predigtreihe über das Buch *Healing* von Francis MacNutt zu predigen. Und ich habe nicht nur darüber gepredigt, sondern auch für die Kranken gebetet. Dann gab eine Frau vor, sie sei geheilt worden, und ich merkte das nicht. Irgendwie wurde ich da mit hineingezogen und ließ sie viele Male ihr Zeugnis geben. Sie hatte dann noch ein weiteres Problem, wofür ich betete, und diesmal spürte ich in meinem Geist, dass etwas nicht stimmte. Ich fing an, nachzuforschen, und erkannte, dass ich reingelegt worden war. Es war mir ungeheuer peinlich, dass ich keine gute Unterscheidung hatte und Dinge behauptet habe, die nicht stimmten. Die ganze Situation hat mich so frustriert, dass ich für niemanden mehr beten wollte, doch gleichzeitig hatte ich eine solche Sehnsucht, mehr zu lernen. Achtzehn Monate lang hatte ich danach für keinen mehr gebetet, bis jener Abend kam, an dem ich den Herrn sagen hörte: *Du lehrst, dass ich heute noch heile.*

Und deshalb hielten wir dann die Konferenz mit dem Team von John Wimber ab und ich lehrte diese Predigtreihe. Als Folge dieser Konferenz kam mein Leben in Bewegung. Ich besuchte John Wimber. Er hörte von Gott, ich sei einer von zwei Männern in der Vineyard-Bewegung, die um die ganze Welt reisen und Menschen die Hände auflegen würden, damit die Gaben des Geistes in ihnen aktiviert würden. John Wimber hat mir das erst kurz vor seinem Tod anvertraut, doch einem seiner Mitarbeiter war es aus Versehen herausgerutscht, sodass ich es schon vorher wusste. Doch es lagen zehn Jahre (von 1984 bis 1994) zwischen dem Zeitpunkt, als er dies das erste Mal von Gott gehört hatte, und der Zeit, als er mich anrief und mir mitteilte: „Was Gott mir über dich gezeigt hat, fängt jetzt an."

Von jenem Zeitpunkt im Jahre 1984 an hat mein Interesse an Heilung fortwährend zugenommen, bis hin zu dem, was ich heute habe. Jenes Ereignis damals in meiner Baptistengemeinde, als dieser spezielle Ruf an mich erging, ernsthaft über Heilung zu lehren und zu predigen, war der auslösende Moment, von dem an ich wirklich wusste, dass ich in diesen Bereich berufen war. Und als ich sah, wie Blaine Cook, der damalige Teamleiter von John Wimber, einen Aufruf machte, habe ich es seitdem genauso gemacht. (Er sagte immer: „Ich möchte nicht, dass ihr nach vorne kommt, nur weil ihr berührt werden wollt. Ich möchte nicht, dass ihr nach vorne kommt, es sei denn, ihr spürt die Liebe Gottes so stark, dass euch die Tränen herunterlaufen oder die Kraft Gottes so stark in euren Händen spürbar ist, dass sie anfangen zu zittern oder wie elektrisiert sind, oder die Herrlichkeit Gottes so stark auf euch ruht, dass es schwer für euch wird, aufrecht stehen zu bleiben. Eure Hände fühlen sich vielleicht so an, als seien sie eingeschlafen und werden plötzlich wieder wach. Wenn eines dieser Dinge dir passiert, möchte ich, dass du zum Gebet nach vorne kommst. Ich glaube, dass Gott jeden berühren und segnen möchte, aber es gibt einige, denen er auch Gaben der Heilung geben möchte.") Seit 26 Jahren gebe ich denselben Aufruf wie er, weil ich sah, dass es funktionierte und ich den Glauben dafür habe. So habe ich seit März 1984 niemals mehr von Heilung Abstand genommen.

Bill: Das ist alles erstaunlich. Damals, als du nach deinem Unfall im Krankenhaus lagst und für dich gebetet wurde, hast du dabei etwas gespürt?

Randy: Die Jugendgruppe war nicht zu mir gekommen. Sie beteten in der Gemeinde, ziemlich weit entfernt von mir.

Bill: Ach so, sie haben aus der Ferne für dich gebetet? Haben sie dabei ein inneres Zeugnis wahrgenommen?

Randy: Ja, sie empfanden einen Frieden. Es war sogar so, dass sie mich am nächsten Tag besuchen kamen und sagten: „Es war wirklich eigenartig. Die Tür des Gemeindegebäudes, die normalerweise geschlossen ist, stand offen, und am Altar brannten Lichter." Sie fanden das etwas unheimlich und sagten zueinander: „Das ist wirklich seltsam!" Und sie erzählten mir, dass eine starke Gegenwart Gottes da war, als sie alle beteten und sich wirklich Sorgen um mein Leben machten. An einem Punkt spürten sie mit Gewissheit: *Er wird wieder gesund werden.* Als ich ihnen dann am nächsten Tag erzählte, dass der Schlauch herausgezogen worden sei und mein Verdauungstrakt wieder normal funktioniere, kannst du dir sicher ihre Reaktion vorstellen.

Bill: Du erwähntest, dass eine Reihe von Leuten bessere, klarere Worte der Erkenntnis empfingen und dass Gott sie sogar mehr gebrauchte als dich. Wie war das für dich?

Randy: Das war beunruhigend. Ich war verunsichert, weil ich dachte: *Ich bin der Pastor. Ich sollte als eine der geistlicheren Personen in der Gemeinde angesehen werden. Und wenn da andere Laien vollmächtiger in den Gaben wirksam sind als ich, werden sie den Respekt vor mir verlieren.*

Darüber war ich besorgt. Ganz am Anfang habe ich mich in eine Kirche der Gemeinde Gottes davongestohlen und mich in die letzte Reihe gesetzt, nur um zuzuschauen. Ich beobachtete, wie Menschen umfielen, obwohl ich mir noch nicht einmal sicher war, ob ich daran glaubte. Erst als ich Menschen umfallen sah, von denen ich wusste, dass sie das normalerweise nicht tun würden, fing ich an, daran zu glauben. Aber zumindest hatte ich das schon vorher mal gesehen. Keiner der Leute in meiner Gemeinde war je in einer Pfingstgemeinde gewesen, daher konnten wir diese Dinge, die jetzt geschahen, nicht einordnen. Wir wussten nicht, dass es Menschen geben könnte, die andere beim Fallen auffangen. Auch hatten wir nie davon gehört, dass man im Geist wie betrunken sein könnte, und dennoch erlebten wir Menschen, die tatsächlich so betrunken im Geist waren, dass sie um Mitternacht nach Hause gefahren werden mussten, weil sie nicht fahrtüchtig waren. All die Dinge, die in den ersten sechzig Tagen geschahen, als ich in Toronto war (zu Beginn des sogenannten Toronto-Segens), hatte ich schon zehn Jahre zuvor in meiner Baptistengemeinde erlebt.

Aber was wirklich bedrohlich wirkte, war dieser Kerl namens John, der eine sehr starke Gabe der Geisterunterscheidung hatte. Er hatte offene Visionen und wusste Dinge über Menschen, bevor er sie traf. Das machte mir zu schaffen. Außerdem gab es eine Sonderschullehrerin, die Frau meines Co-Pastors, die Worte auf Menschen sah. Ihr Ehemann, ein Grubenarbeiter, hatte ebenfalls offene Visionen und hat viele Einzelheiten gesehen. Und wir erlebten große Heilungen. Ein kleiner Junge lag mit einer schweren Krankheit im Sterben und mein Co-Pastor hatte darüber eine Vision. Wir wussten noch nicht einmal, wie wir sie auslegen sollten; wir haben sie einfach weitergegeben und der Junge wurde geheilt. Ich konnte weder Engel noch Dämonen sehen, aber ich hatte Leute, die das konnten. Gott hat uns einfach besucht.

Bedrohlich empfand ich es, weil ich selbst keines dieser Dinge erlebte. Ich spürte nur den Schmerz der Menschen. Eines Tages, als wir mit dem Auto unterwegs waren, sagte ich zu meiner Frau, DeAnne: „Mir gefällt das nicht. Ich mag es nicht, dass diese Leute gesalbter und begabter sind als ich. Das verunsichert mich. Warum sollte Gott so etwas tun?"

DeAnne gab mir einige sehr gute Ratschläge. Sie sagte: „Randy, denk mal über ein paar Dinge nach. Erstens, wenn du selbst alles tun könntest, bräuchtest du keinen von uns. Zweitens, wenn du alles tun könntest, könntest du stolz werden. Und drittens, du bist immer noch der Pastor dieser Gemeinde, und diese Gaben sind einfach nur Gaben. Du musst mit diesen Gaben den Menschen dienen. Du musst ihnen helfen, reif zu werden. Wenn sie nicht gut pastoral betreut werden, könnten sie sich selbst zerstören."

Das stimmte, das war tatsächlich wahr. Und es gab mir Frieden. Ich kam mit dem Herrn an einen Punkt, wo ich sagen konnte: „Ich werde jeden Menschen und jede Gabe wertschätzen, die du uns gibst, weil es die Gemeinde stärker macht. Es ist gut, und ich danke dir für die Gelegenheit, diesen Leute pastoral helfen zu können, dass sie im Herrn reifen und wachsen."

Bill: Es ist interessant, zu hören, dass du dich zuerst von den Gaben anderer Menschen bedroht gefühlt hast, und wie du im Vergleich dazu heute lebst. Inzwischen kenne ich dich nun schon zehn oder zwölf, vielleicht sogar dreizehn Jahre und habe beobachtet, wie sehr du Menschen und ihre Gaben schätzt und achtest. Nicht nur ihre Gaben, sondern auch ihre Einzigartigkeit, wenn sie anders agieren als du und wenn sie Dinge anders sehen, spüren oder wahrnehmen als du. Das ist eine ganz starke Veränderung. Wann hat das angefangen? War es nach den Ratschlägen deiner Frau?

Randy: Sobald mir meine Frau das gesagt hatte, war ich völlig freigesetzt. Anstatt dass ich mich davon bedroht fühlte, habe ich begonnen, mich darüber zu freuen. Es ist interessant, dass du mir diese Fragen stellst, denn das einzige andere Mal, an das ich mich erinnere, dass ich mich von der Gabe eines anderen Menschen eingeschüchtert fühlte, war, als ich das erste Mal in deine Gemeinde kam. Ich hatte Ben Scofield, den schon erwähnten jungen Mann, mit dabei. Kurz vorher hatte ich in einer Tochtergemeinde in St. Louis gedient und Ben war dort auf mich zugekommen und sagte: „Ich bin krank; mir ist übel." Und ich fing an, für ihn zu beten, sagte aber dann: „Moment mal, wann begann dir übel zu werden?"

Er sagte: „Als du anfingst über Worte der Erkenntnis zu lehren."

Ich sagte: „Ben, du bist nicht krank. Du hast ein Wort der Erkenntnis." Bis vor Kurzem hatte er dem Herrn den Rücken gekehrt, und er war erst 18 Jahre alt. Und ich sagte: „Hey, ihr alle, Ben hat ein Wort der Erkenntnis empfangen. Wer ist krank und leidet unter Übelkeit?"

Zwei Menschen hoben ihre Hände, also forderte ich sie auf: „Kommt hierher." Dann fuhr ich fort: „Ben, du wirst für sie beten."

Ben hatte noch nie für jemanden in dieser Weise gebetet, aber später teilte er mir mit: „Ich habe mich daran erinnert, wie du für mich gebetet hattest, und ich habe einfach versucht, das zu machen, was du bei mir gemacht hast."

Die Menschen, denen übel war, wurden geheilt. Dann hatte Ben ein weiteres Wort; er hatte drei oder vier an diesem Abend. Er hat sie ausgesprochen und für die Menschen gebetet. Daraufhin hat er noch mehr Worte bekommen, und diese waren spezifischer.

Ich bat Ben, mich auf Reisen zu begleiten. Wie schon erwähnt, war er die einzige Person, die ich jemals darum gebeten habe, mich auf meine Kosten zu begleiten. Er hatte sich so weit entwickelt, dass er zum Beispiel, wenn er in der Stadt mit dem Auto unterwegs war und jemand auf der Spur neben ihm anhielt, ein Wort der Erkenntnis (in Form eines Schmerzes) für diese Person bekam. Überholte sie ihn und entfernte sich von ihm, verließ ihn der Schmerz – auf diese Weise wusste er, dass es tatsächlich für sie war. Holte er die Person wieder ein, kam der Schmerz jedoch zurück.

Sogar noch bevor ich von solchen Geschehnissen wusste, war ich so sehr von ihm beeindruckt, dass ich ihn bat, mit mir mitzureisen, wie ich ja erzählte. Aber ich beging einen Fehler – ich vergaß, seinen Vater zuerst um Erlaubnis zu bitten. Deshalb musste ich mich bei seinem Vater entschuldigen und ihn fragen, ob es in Ordnung sei.

„Solange Sie darauf achten, dass er auch dafür arbeitet", sagte mir sein Vater. „Ich möchte nicht, dass er nur mit Ihnen umherreist; ich möchte, dass er eine gute Arbeitsmoral entwickelt und das Herz eines Dieners bekommt."

Das war dann unsere Vereinbarung. Das erste Mal, als Ben mich begleitete – das war zu deiner Gemeinde -, hatte ich mehrere Worte der Erkenntnis, vielleicht fünf oder sechs. Dann fragte ich: „Ben, hast du ein Wort der Erkenntnis?"

„Ich glaube schon", sagte er, obwohl es sein erster Einsatz war.

Er war mein allererster Praktikant, und es war für mich, als wäre er mein geistlicher Sohn. Ich wollte ihn trainieren. Als er dann sagte: „Ich glaube, ich habe eines", und es weitergab, war ich so stolz. Dann gab er ein weiteres Wort, und ich war stolz. Und dann gab er noch ein Wort, und meine Knöpfe waren kurz davor abzuspringen, so geschwellt vor Stolz war meine Brust – er war erst eine Woche mit mir unterwegs! *Schaut mal, wie Gott meinen Praktikanten benutzt,* dachte ich. Dann hatte er genauso viele Worte wie ich, fünf bis sechs. Später sogar sieben, acht, neun oder zehn ... Das machte mich, ehrlich gesagt, etwas nervös. Ich spürte, dass ich mich von ihm distanzierte. Ich fühlte mich nicht wohl und dachte: *Moment mal, eigentlich sollte ich sein Mentor sein. Er ist mein Jünger. Er hatte schon doppelt so viele Worte, wie ich gehabt habe. Das lässt mich schlecht dastehen.* Ich empfand Dinge, die mir nicht gefielen, und mir war nicht wohl dabei. Er hatte viermal so viele Worte wie ich, etwa fünfzehn bis zwanzig.

Bill: Ja, ich erinnere mich daran!

Randy: Es war unglaublich! Und in dem Augenblick geschah die zweite Sache, die mich in diesem Bereich wirklich verändert hat. Der Heilige Geist sprach. Ben war genauso alt wie mein ältester Sohn, und der Heilige Geist fragte: *Möchtest du, dass Ben dein geistlicher Sohn ist?*

Ich sagte: „Ja."

Der Heilige Geist sagte: *Würdest du dich auch bedroht fühlen, wenn er dein biologischer Sohn wäre? Oder wärst du stolz und würdest dich freuen und wärst begeistert, dass er dich gerade übertrumpft hat?*

Ich sagte: „Ich wäre so glücklich darüber!" Und im gleichen Moment kam die Offenbarung, dass dies die richtige Reaktion ist, wenn ich ein geistlicher Vater sein wollte. Heute sind Will oder Jamie oder Timothy oder Ben oder irgendwelche meiner Praktikanten bzw. ihre Gaben keine Bedrohung mehr für mich. Ich möchte wirklich, dass sie mehr tun, mehr erreichen. Und ich kann sogar mit ihnen angeben, anstatt mich bedroht zu fühlen. Sie mögen mich übertreffen – und ich möchte, dass sie es tun!

Bill: Das ist erstaunlich!

Kapitel 8

Ins Wachstum katapultiert

Bill: Welche Erfahrungen hast du bei Heilungsgebeten gemacht, Randy, die dazu geführt haben, dass dein Gebiet erweitert wurde und du geistlich gewachsen bis? Welche Dinge haben dazu beigetragen?

Randy: Das erste war die Salbung, die ich empfing, als Blaine in der Baptistengemeinde für mich gebetet hat, als John Wimber ihn im Auftrag von Vineyard sandte. Das war die Initialzündung. Ein weiterer wichtiger Grund für das Wachstum war, dass ich lernte, wie man Worte der Erkenntnis empfängt und erkennt. Dann erlebte ich eine Zunahme bei der Weitergabe von geistlichen Gaben und Befähigungen. Letztere geschah, nachdem Gott mich in eine 40-tägige Fastenzeit gerufen hatte. Eigentlich faste ich nicht, fast nie. Aber es gab eine Zeit in meinem Leben, in der ich nacheinander Fastenzeiten von 21, 21, 14, 14 und 40 Tagen durchlief. Nach jenen 40 Tagen habe ich 10 Jahre lang wieder gar nicht mehr gefastet, nicht einmal einen Tag, wenn ich mich recht erinnere. Doch jenes Fasten sollte mehr Salbung im Heiligen Geist, mehr Heilung und mehr Kraft freisetzen.

Das war Anfang 1984. Dann kam das Jahr 1994 und ich begegnete so vielen Kindern, die nicht nur Heilung, sondern auch schöpferische Wunder brauchten. Die Zahl der Heilungen wuchs rasant, und damit wuchs auch der Glaube auf Seiten der Eltern. Sie fingen an, ihre Kinder aus den Einrichtungen herauszuholen und sie zum Heilungsgebet zu bringen. Ein kleines Mädchen war blind. Ein kleiner Junge litt an einem schweren Gehirnschaden. Bis zum sechzehnten Lebensjahr war er völlig normal gewesen, aber inzwischen war er spastisch gelähmt und konnte nicht mehr sprechen. Ein weiteres Mädchen war im Alter von zwölf Jahren bereits an Parkinson erkrankt, und ein Junge, auch im Alter von zwölf, hatte einen offenen Rücken (Spina bifida) und saß im Rollstuhl. Seine Schwester hatte zerebrale Kinderlähmung, sie waren beide adoptiert. Allen diesen Kindern bin ich in einem Zeitraum von einem halben Jahr begegnet, was in mir das Verlangen hervorrief, in eine weitere 40-tägige Fastenzeit zu gehen, um einen Durchbruch im Bereich von schöpferischen Wundern zu erlangen. Ich wusste, wofür ich fastete. Ich kann nicht fasten, wenn es nicht für ein bestimmtes Anliegen ist und wenn ich nicht empfinde, dass Gott mich entsprechend geführt hat. Ich bin nämlich kein disziplinierter Mensch. Ich bewundere Menschen, die so diszipliniert sind, dass sie jeden Montag oder Dienstag oder Mittwoch fasten. Sie haben meine Bewunderung, doch ich selber habe nicht die Gnade dazu. Aber am 23. Tag meines zweiten 40-tägigen Fastens sah ich mein erstes schöpferisches Wunder. (Eine Frau wurde von Parkinson im fortgeschrittenen Stadium geheilt.) Danach gab es eine weitere Zunahme im Bereich schöpferischer Wunder.

Knapp ein Jahr später, im Januar 1995, flog ich nach Melbourne (Florida), um dort eine Versammlung abzuhalten. Gott kam, und die Versammlungen hielten achteinhalb Monate, sechs Abende pro Woche, an. Zu Beginn blieb ich im Januar dort und dann war ich jeweils vier Wochen dort und dann wieder woanders, bis die Pastoren in der Lage waren, die Erweckung zu tragen. Im selben Monat, Januar 1995, war ich noch in Charlotte in North Carolina und habe dort in kurzer Zeit mehr Wunder erlebt als die ganzen 24 Jahre vorher zusammen! Diesen Durchbruch kann ich keiner bestimmten Sache zuschreiben. Es hatte mir niemand eine besondere Erkenntnis vermittelt und ich hatte auch keine besondere Offenbarung empfangen. Es war keine neue Wahrheit; auch hatte ich nicht gefastet und danach gesucht. Die einzige Sache, der ich dies zuschreiben kann, waren die 24 Jahre, in denen ich immer wieder an die Tür für Heilung geklopft habe, und schließlich kam Gott. Ich kann sonst nichts weiter dazu sagen, aber es war ein riesiger Durchbruch.

Ich habe dir von den Hauptereignissen in meinem Leben erzählt, die wirklich Durchbrüche hervorgerufen haben, doch da gibt es noch etwas, das ich erwähnen möchte. Das war, als ich nach Lateinamerika ging, um Omar Cabrera zu treffen. Während ich mit ihm zusammengearbeitet und ihm zugesehen habe, wie er die Dinge angeht, lernte ich viel über Heilung. Damals dachte ich, die Salbung auf meinem Leben sei nur deshalb da, weil ich in Argentinien war. Ich war mit Pablo Bottari zusammen und Victor Lorenzo kam dazu, und all diese Heilungen geschahen, mehr als ich je in den Vereinigten Staaten gesehen hatte. In den Vereinigten Staaten war es zu jener Zeit noch ganz anders. Inzwischen haben sich auch hier echte Durchbrüche ereignet, aber damals war alles noch sehr trocken und es herrschte viel Skepsis. Normalerweise passierte nicht allzu viel in den Vereinigten Staaten, außer während dieser Versammlung im Januar, in der wir viele an Heilungen erlebt haben. Während ich also in Argentinien war, lief ich auf dem Bürgersteig und sagte: „Mensch, ich bin unter die Erweckungssalbung von Argentinien gekommen. Wir erleben so viele Heilungen; der Grund dafür muss wohl meine Anwesenheit sein."

Und Victor Lorenzo sagte: „Nein, Randy, das stimmt nicht. Was gerade in deinem Leben passierte, habe ich auch bei Claudio Freidzons, Carlos Annacondias, Omar Cabreras ... beobachtet." Er nannte mehrere Männer, die inzwischen berühmt geworden sind, aber damals hatte Gott sie noch nicht ins Rampenlicht gestellt. Dann fuhr er fort: „Es liegt nicht daran, dass du hier bist. Sondern es liegt etwas auf dir."

Das hat mich wirklich ermutigt. Danach hat Omar Jr. auf dem Nachhauseweg zu mir gesagt: „Weißt du, Randy, du hast eine ähnliche Salbung wie mein Vater. Und wenn ich hätte was du hast, würde ich genau das tun, was er getan hat." Dann erzählte er mir, was er tun würde (jeden Monat Heilungsversammlungen in den Städten abhalten, um genügend Menschen zusammenzubringen, um dann dort Gemeinden zu gründen). Aber der Herr hatte mir nie gesagt, dass ich das tun sollte.

Diese Dinge haben mir sehr geholfen. Außerdem hast auch du sehr dazu beigetragen, dass ein gewaltiger Durchbruch passiert ist. Das sage ich jetzt nicht, weil du mir gegenübersitzt, Bill. Es ist die Wahrheit. Wir haben einander sehr beeinflusst.

Vor etwas mehr als einem Jahr, als du und ich bei der Versammlung der „Revival Alliance" in Maui (Hawaii) waren, haben wir all diese Heilungsgeschichten erzählt. Kurz bevor wir abreisten, hast du mir mitgeteilt: „Augenblick mal, ich habe fast vergessen, dir zu erzählen, dass ich erlebt habe, dass dreißig oder mehr Menschen geheilt worden sind, die Metallteile in ihrem Körper hatten."

Ich konnte es kaum glauben. Ich dachte: *Wie konntest du nur vergessen, mir das mitzuteilen?*

Du sagtest: „Ich habe keine Ahnung, ob das Metall verschwindet, aber ich weiß, dass die Menschen auf einmal Dinge tun können, die sie vorher wegen der Metallteile nicht tun konnten. Ich weiß nicht, ob das Metall weg ist oder ob es sich nur verändert. Ich verstehe es nicht, aber diese Dinge geschehen."

Als du das erzählt hast, wurde ich ganz aufgeregt. Ich dachte mir: *Wenn Gott solche Dinge tut, möchte ich das auch erleben.* Nach unserer Begegnung stand ich bei der nächsten Veranstaltung auf und kündigte an: „Ich habe kürzlich von Bill Johnson erfahren, dass Gott Menschen heilt, die Metallteile in ihrem Körper haben, deshalb werden wir uns heute danach ausstrecken. Wie viele von euch haben Metallteile in ihrem Körper? Steht bitte auf."

Menschen standen auf und ich betete, aber es wurde keiner geheilt. Es war niederschmetternd. Meine Erwartungshaltung war wirklich, dass Menschen geheilt werden.

Bill: Wow. Auch wenn keine Heilungen in Bezug auf Metallteile passiert sind, gab es viele andere Wunder im Raum?

Randy: Ja, es geschahen andere Heilungen in dieser Versammlung. Keine Heilungen in Bezug auf Metallteile, wie schon gesagt, aber eine Reihe anderer gewöhnlicherer Heilungen. Was aber Heilungen von Menschen mit Metallteilen im Körper anging – die hatte ich zwar wirklich erwartet, doch sie passierten nicht. Also sagte ich mir: *Das zu erwarten, hat dir wirklich den Glauben geraubt; am besten wartest du erst mal ein bisschen ab, bevor du das nochmals* *probierst.* Also entschloss ich mich abzuwarten und dich vor dem nächsten Versuch vielleicht erst noch einmal zu treffen.

Davor waren wir beide zusammen mit James Maloney in England, und du hast mir erzählt, dass James derjenige war, von dem du als Erstes gehört hattest, dass er wegen Metallteilen betet. Er hatte diese Salbung, weshalb wir beide ihn gefragt haben, ob er diesbezüglich für uns beten könne. Du scheinst also die Übertragung dieser Gabe bekommen zu haben.

Bill: Zum damaligen Zeitpunkt waren es über zweihundert dokumentierte Heilungen, die er erlebt hatte.

Randy: Genau. Und dann fing es auch in deinem Leben an, also dachte ich mir: *Tja, es hat zwar bei Bill funktioniert, nicht aber bei mir.* Als Nächstes flog ich nach Loveland, Colorado, wo wir dann einen Durchbruch erlebten. Das hat tiefe Spuren in mir hinterlassen und hat meinen Glauben zum Wachsen gebracht. Ich war bereits entschlossen, nicht wegen Metallteilen zu beten, aber als ich mich zum Essen fertig machte, gab mir ein Mann ein gefaltetes Papier und sagte: „Schauen Sie sich das an. Ich habe Schmerzen, die kaum noch zum Aushalten sind."

Ich öffnete das gefaltete Papier, das eine Röntgenaufnahme seiner Halswirbelsäule zeigte. Ich zählte die Schrauben in seinem Hals – er hatte 23 oder 24, vielleicht sogar mehr, ich weiß es nicht mehr genau. Zusätzlich waren vier Stäbe und einige Querstäbe um seine Wirbelsäule. Ich dachte: *Wie um alles in der Welt ist das möglich? Kein Wunder, dass er Schmerzen hat!* Dann entschied ich: *Da werde ich mich nicht noch einmal heranwagen. Beim letzten Mal hat es nicht funktioniert.*

Tonya, meine Schwiegertochter, gab mir die Gottesdienstordnung, und ich machte mich bereit. Zufällig war dort ein Mann namens Jim, von dem ich wusste, dass unter seinem Gebet schon Metall verschwunden war. Er war ein Freund des Heilungsevangelisten Leif Hetland (dem ich die Hände aufgelegt und über dem ich prophezeit hatte). Da er gerade dort stand, dachte ich: *Also gut ...* Und dann ging mir wieder der Gedanke durch den Kopf: *Ich werde das nicht machen. Nein, das mache ich nicht!*

Die Anbetungszeit kam zum Ende und ich habe es doch gemacht. Ich sagte: „Ich habe entdeckt, dass Gott Menschen heilt, die Metall in ihrem Körper haben. Jeder, den das betrifft, stehe bitte auf."

47 Menschen, die Metall in ihrem Körper hatten, standen auf, und wir haben für sie gebetet. Jim hat gebetet, ich habe gebetet – auch für den Mann mit all den Schrauben. 23 Menschen wurden geheilt. Elf von ihnen kamen nach vorne und gaben ihr Zeugnis. Am nächsten Tag habe ich fünf oder sechs von ihnen einige Stunden lang interviewt. Sie hatten Morphiumpflaster getragen, Morphiumtropfen eingenommen und alle möglichen Schmerzmittel geschluckt, sie alle hatten jahrelang unter qualvollen Schmerzen gelitten, und nun sahen wir sie Dinge tun, die sie vorher nicht tun konnten. Es war einfach umwerfend.

Was diese Art von Heilung anging, habe ich von jenem Tag an über ein Jahr lang jeden Einzelnen gezählt, der nach vorne kam und ein Zeugnis gab. In dieser Zahl sind noch nicht einmal die inbegriffen, die nur ihre Hand gehoben haben, um ihre Heilung anzuzeigen. Insgesamt zählten wir 180 Menschen, die darüber Zeugnis ablegten, dass sie Metall in ihrem Körper getragen hatten und geheilt wurden. Auch hier ist es heute Abend geschehen; wir haben ein Zeugnis darüber gehört. Inzwischen sind es wahrscheinlich über 200 Heilungen innerhalb von 14 Monaten. Dieser Durchbruch ist deshalb geschehen, weil Eisen anderes Eisen schärft und du mir erzählt hat, dass Gott so etwas tut. Dadurch bekam ich Glauben, es auch auszuprobieren. (Bis zum Dezember 2011 konnten wir über 400 Zeugnisse von Menschen verzeichnen, in deren Körper Metall verschwunden ist.)

Das war die eine Sache, die du mir sagtest, die zu einem Durchbruch geführt hat, aber dann gab es noch eine zweite, die du mir erst vor einigen Monaten sagtest. Ich weiß nicht, ob du dich daran erinnern kannst, aber du hast mich zur Seite genommen und gesagt: „Randy, du musst dich nach noch mehr ausstrecken, als du es bisher tust", oder etwas in der Art. Ich umschreibe es nur, und vielleicht kannst du mir genau wiedergeben, was du gesagt hast. Ich erinnere mich, dass du etwa Folgendes sagtest: „Du musst glauben, dass du Heilungen auch einfach verkünden kannst und dass du nicht immer für sie beten musst. Und wenn du Leute einfach dazu ermutigen kannst, dass sie aufstehen und sich bewegen, dann werden sie aufgrund deines bloßen Wortes geheilt sein."

Das hast du mir nicht nur gesagt, sondern ich habe dich mehrfach dabei beobachtet, dass du es selber getan hast. Ich habe deine Vorgehensweise studiert und dachte mir: *Normalerweise hat er das sonst nicht gemacht. Bill wächst.*

Es ist etwa so wie bei zwei Läufern: Wenn der eine sich der Geschwindigkeit des anderen anschließt, hilft das auch dem anderen. Dasselbe hat mein Vater über das Eingewöhnen von Pferden gesagt. Wenn man ein Pferd aussucht, das eine gute Gangart hat, und es mit einem zusammenbringst, dessen Gangart nicht gut ist, dann wird das gute Pferd dem anderen helfen, sich zu entwickeln. Auf diese Weise kann man Pferde trainieren. Mein Eindruck ist, dass Gott das manchmal auch mit uns macht. Er stellt uns zusammen, damit wir voneinander lernen können.

Nachdem du mir das eben Erwähnte irgendwann im Januar dieses Jahres gesagt hattest, war ich im Februar in High Point (North Carolina) und bekam dort Worte der Erkenntnis. Anstatt das zu tun, was ich normalerweise tun würde – nämlich Menschen zu bitten, dass sie aufstehen, damit ich für sie beten könne – habe ich nicht gebetet. Ich habe stattdessen einfach den ersten Eindruck, der in meinen Kopf kam, ausgesprochen, nachdem sie aufgestanden waren. Es war etwas, das für sie Sinn ergab, wenn sie es ausprobierten; ich sagte nicht: „Gehen Sie mal rudern." oder so. Aber wenn sie zum Beispiel ein Knieproblem hatten, forderte ich sie auf: „Beugen Sie einmal fünfmal Ihr Knie." Dem folgte sogleich ein weiteres Wort, jedoch kraftvoller, und ich bin genauso vorgegangen.

Es ergab keinen Sinn für mich, aber ich war aufgeregt wie ein Kind in einem Süßigkeitsladen. Ich habe sogar ein Video davon mit nach Hause zu unserer Schule des übernatürlichen Dienstes mitgenommen und sagte den Schülern: „Ich möchte, dass ihr euch anschaut, was ich diese Woche gelernt habe." Ich erzählt ihnen die Geschichte, was du zu mir gesagt hattest, und wie wir es dann angegangen sind. Während ich ihnen das Video zeigte, versuchte ich den ganzen Prozess zu erklären, den ich in jenem Gottesdienst durchlebt hatte. „Folgendes ging mir durch Kopf, als ich so vorgegangen bin ...", teile ich ihnen mit. „Und das habe ich in dem Moment gedacht, als ich das aussprach ..."

Innerhalb eines Jahres haben demnach diese beiden Aussagen von dir – dass Gott Menschen heilt, die Metallteile im Körper tragen und dass ich mich nach mehr ausstrecken soll, indem ich Menschen ermutige, sich in der Weise zu bewegen, wie sie es vorher nicht konnten – dazu geführt, dass echte Durchbrüche geschehen sind. Aber der größte Durchbruch überhaupt kam durch deine Ermutigung.

Bill: Das ist großartig. Hast du bei diesem letzten Beispiel, wo die Menschen, für die du ein Wort der Erkenntnis hattest, ihr Knie fünfmal beugen sollten oder so, eigentlich ganz willkürlich ausgesprochen, was sie ausprobieren sollten? Oder hast du gewartet, ob du etwas Bestimmtes für die Einzelnen empfangen würdest?

Randy: Nein, ich habe allen gesagt, sie sollten einfach das tun, was mir gekommen war.

Bill: Allen? Das ist interessant.

Randy: Allen. Ich habe einfach ausgesprochen: „Bitte machen Sie alle folgende Bewegung", denn es waren jedes Mal drei bis sieben Menschen, die reagiert haben. Einmal wurden bis auf zwei alle geheilt, und die wurden schließlich auch geheilt. Eine der beiden, die zuerst keine Heilung erlebten, hatte ein Problem mit dem Steißbein. Als ich das Wort der Erkenntnis gab, forderte ich alle auf, die darauf reagiert hatten, sich dreimal hinzusetzen, und viele wurden auf der Stelle geheilt, aber sie nicht. Sich dreimal hinzusetzen, hat bei ihr nicht funktioniert. So fragte ich sie: „Was ist mit Ihnen?"

„Es hat sich nichts verändert", sagte sie.

Daraufhin bat ich sie: „Machen Sie es nochmal – aber diesmal mit voller Kraft."

Sie tat es, und sofort sagte sie: „Ich bin geheilt."

Die zweite Person, die erst nicht geheilt wurde, war von unserer Schule und hatte ein Problem mit ihren unteren Lendenwirbeln; außerdem hatte sie keine Zähne. Jemand hatte ihr eine Art Stipendium geschenkt. Sie war sehr, sehr arm. Während ich mit ihr sprach, konnte ich schon erkennen, dass sie aufgrund ihrer Lebenssituation tiefe Selbstwertprobleme hatte. Es war sehr deutlich, dass sie ein hartes Leben hinter sich hatte, und ich spürte Gottes Erbarmen ihr gegenüber. Mein Empfinden war, dass Gott sie heilen wollte, doch manchmal muss man den Gottesdienst weiterleiten und nicht zu viel Zeit mit einer einzigen Person verbringen. Dies war kein Moment, in dem ich für Kranke betete, sondern Worte der Erkenntnis weitergab, und zudem mussten wir noch das Opfer einsammeln. Aber ich ging zu ihr hin und fand heraus, dass ihr letzter Wirbel über dem Steißbein völlig zerstört war. Er war völlig zerfallen. Es waren bereits einige Schrauben hineinoperiert worden, doch konnten die Ärzte den Wirbel nicht nachbilden. Sie hatte furchtbare Schmerzen. Ich empfand ein tiefes Mitgefühl und spürte, dass Gott sie heilen wollte. Aber ich wusste auch, dass dies etwas länger dauern würde, als der Ablauf des Gottesdienstes gerade erlaubte. Gott wollte noch viel mehr tun, mit dem wir uns auch befassen mussten. Während also einer der Co-Pastoren das Opfer einsammelte, setzte ich mich neben diese Frau in der ersten Reihe und legte meine Hand auf ihren Rücken. Ich habe nicht gebetet; ich sagte nur: „Ich glaube, der Herr wird Sie heilen, während wir hier sitzen. Wir werden uns dazu die Zeit nehmen." Also fragte ich sie: „Spüren Sie etwas?"

„Ja, mein Rücken ist sehr heiß", antwortete sie.

„Das ist gut!", sagte ich.

Gott setzte Heilung in ihrem Rücken frei. Ich wusste, dass er das tun würde, und ich wusste, dass ich mir diese kurze Zeit mit ihr nehmen musste. Als das Einsammeln des Opfers vorüber war und noch einige Ankündigungen gemacht worden waren, war sie geheilt.

Manchmal habe ich zehn oder zwanzig Worte der Erkenntnis, bevor ich tatsächlich aufstehe, um sie zu verkündigen. Manchmal habe ich zunächst kein einziges, und Gott gibt sie mir erst in dem Moment, wenn ich aufstehe. Etwas anderes, was ich noch gelernt habe, ist, dass eines der Worte manchmal ganz einzigartig und sehr viel stärker ist als die anderen, sodass ich den Eindruck habe, dass Gott dieses gebrauchen möchte, um Glauben im Raum freizusetzen. Bei diesem besonderen Wort – und das mache ich nicht bei den anderen – sage ich dann: „Alle, die an dieser Krankheit leiden, kommen bitte hier nach vorne, vor alle anderen Besucher." Und oft gebe ich zuerst das Wort weiter, bevor ich irgendetwas anderes mache. Bei diesen starken Eindrücken habe ich im Laufe der Zeit gelernt, dass entweder viele Menschen das Problem haben oder dass es ein besonders schweres Leiden ist, was dazu dienen soll, dass Glauben aufgebaut wird. In solchen Momenten wird fast jeder sehr schnell geheilt. Manchmal mache ich also einen Unterschied zwischen den verschiedenen Worten, die kommen, und auf welche Weise ich sie dann weitergebe. Zu anderen Zeiten laufen die Dinge anders, dann mache ich es nicht so.

Kapitel 9

Sich neue Bereiche erschließen

Bill: Ich bin immer noch neugierig wegen der Heilungen bei Metallteilen, die du erlebt hast, Randy. Wenn ich dich richtig verstehe, sind diese Heilungen nie durch ein Wort der Erkenntnis gekommen, oder?

Randy: Nie. Bis zum heutigen Tag hatte ich nie ein Wort der Erkenntnis in Bezug auf Metallteile – oder zumindest bis gestern nicht. Gestern empfing ich ein Wort der Erkenntnis im Hinblick auf Metallteile, und ich wusste noch nicht einmal, dass es ein Wort war. Heute Abend kam dann die betreffende Frau wieder zur Versammlung und gab darüber ein Zeugnis. Ich komme gleich auf ihre Geschichte zu sprechen. Aber ich will darauf hinaus, dass ich fast nie Worte der Erkenntnis über Metallteile bekomme. Heilungen dieser Art geschehen einfach aufgrund der Treue Gottes.

Bill: Erkläre, was du damit meinst, Randy, denn das ist eine wichtige Sache. Wenn du daran gewöhnt bist, als Folge von Worten der Erkenntnis zu dienen und dich plötzlich in ein anderes Gebiet hineinbewegst, was bedeutet das?

Randy: Was ich allmählich bemerkte, war, dass jedes Mal, wenn ich ausgesprochen habe: „Gott wird Menschen heilen, die Metall im Körper haben", er es auch getan hat (außer beim ersten Mal). Als ich das verfolgt habe – die Beständigkeit, die Treue, wie es immer wieder geschehen ist –, ist mein Glaube so gewachsen, dass ich auf einmal erkannte, dass ich Glauben für diese Art von Heilung habe, die nicht auf einem Wort basiert. Ein Wort der Erkenntnis schafft Glauben, aber die Treue Gottes und dass diese Heilungen geschahen, führten zu sehr viel mehr Glauben. Inzwischen brauche ich kein Wort der Erkenntnis mehr, um Glauben dafür zu haben; ich brauche nur noch auszusprechen: „Gott wird Probleme mit Metallteilen im Körper heilen."

Ich muss jedoch bekennen, dass sich über dem ganzen Bereich ein geistlicher Kampf abspielt. Der Feind wird sagen: „Du weißt, du läufst Gefahr, dass du in diesem Bereich anmaßend wirst."

Ich weiß, dass das nicht der Herr ist. Diesem geistlichen Kampf muss ich mich stellen, indem ich sage: „Nein, Gott ist immer treu gewesen! Ich werde das anpacken."

Manchmal muss ich im Vorfeld in meinen Gedanken dagegen kämpfen, aber ich mache es dann trotzdem. Das hängt dann ebenfalls nicht von einem Wort der Erkenntnis ab, sondern von der Treue Gottes. Ich habe Glauben für diese Art von Heilung. Ich kann sogar sagen, ich wäre schockiert, wenn ich mich in diesem Bereich bewege und niemand, der Metall in seinem Körper hat, geheilt würde, weil ich erwarte, dass es passiert.

Nun muss ich mich korrigieren. Es gab noch eine Situation, in der nichts passiert ist. Das war in einer kleinen Gemeinde von etwa 120 Leuten, in der nur ein oder zwei der Anwesenden Metall im Körper hatten. Das war in Paris in Frankreich, nicht unbedingt das Land des Glaubens. Doch davon abgesehen sind Heilungen dieser Art jedes Mal geschehen. Und das ist sehr glaubensstärkend; die ganze Angelegenheit hat meinen Glauben wirklich zunehmen lassen.

Ich weiß nicht, ob ich deine letzte Frage wirklich beantwortet habe, ich bin ziemlich hin und her gesprungen.

Bill: Meine Frage war einfach, aus was heraus du handelst und in welcher Weise sich dein Vorgehen verändert, wenn du nicht auf Grund eines Wortes der Erkenntnis handelst, und das hast du sehr gut beschrieben. Wenn ich deine Antwort zusammenfassen müsste, würde ich es so formulieren: In solchen Situationen handelst du aus der Gewissheit heraus, wie du Gott bisher in dieser spezifischen Manifestation erlebt hast.

Randy: Und weil ich den Eindruck habe, dass es dieses bestimmte Gebiet gibt, über das Gott sagt: „Ich werde es dir geben."

Bill: Das stimmt, es ist wie ein Gebiet, das man einnimmt.

Randy: Auf jeden Fall. Für kein anderes Anliegen neben Metallteilen habe ich solch einen Glauben, außer für eines noch. Ich habe diesen Glauben auch für Frauen, die durch ihre Schwangerschaft Rückenverletzungen erlitten haben, weil ich hier so oft Heilung gesehen habe. Doch brauche ich für dieses Anliegen normalerweise erst einen Anstoß, dass ich daran denke. Es muss nicht unbedingt ein Wort der Erkenntnis sein; ich brauche nur an dieses Gebiet zu denken und dann kann ich darin vorangehen.

Bill: Das ist interessant, weil wir dasselbe mit Verletzungen am Steißbein während der Schwangerschaft erlebt haben. Ich glaube, dass die Heilungen bei 100 Prozent, oder bei fast 100 Prozent liegen. Lass mich dir eine andere Frage stellen.

Randy: Okay, noch einen Augenblick bitte. Lass mich nochmal zu dem etwas verwirrenden Punkt zurückkehren, über den ich am Anfang in Bezug auf das eine Wort der Erkenntnis sprach, bei dem es um Metall ging, dasjenige, wo ich nicht wusste, dass es ein Wort war. Gestern Abend sagte ich zu allen: „Vielleicht haben Sie Metall in Ihrem Arm oder in Ihrem Rücken oder in Ihrem Knie ...", und diese Aussage hatte nichts mit einem Wort der Erkenntnis zu tun, ich erklärte es den Leuten einfach nur. Dann haben mir im Gottesdienst Anwesende erzählt, dass ich dem noch hinzugefügt hätte: „Vielleicht haben Sie sogar Metall in Ihrem Gebärmutterhals."

Bill, du warst anwesend, als ich das gesagt habe, und du weißt auch, dass diese Aussage keinen Sinn ergibt. Als die anderen mir das gesagt haben, antwortete ich: „So etwas habe ich doch nicht gesagt!" Aber ich nehme an, dass ich es doch getan habe. Mir war noch nicht einmal klar, dass Metall in einen Gebärmutterhals eingesetzt werden *könnte*, aber das war tatsächlich ein Wort der Erkenntnis.

(Später fand ich heraus, als ich mir das Video noch einmal angeschaut habe, dass ich, wie ich auch vermutet hatte, nicht *Gebärmutterhals* gesagt hatte, sondern *im Bereich der Halswirbelsäule*.[1] Doch die Frau, die Metall in ihrem Gebärmutterhals hatte, *hörte* auch Gebärmutterhals. Und dasselbe verstand auch die Frau neben ihr, die sie sogar fragte: „Wie ist es möglich, dass Sie Metall in Ihrem Gebärmutterhals haben?" Tatsächlich hatte ich *im Bereich der Halswirbelsäule* gesagt, und trotzdem hat Gott den Gebärmutterhals dieser Frau geheilt.)

Ich hatte keine Ahnung, dass es ein Wort der Erkenntnis war; für mich war es bloß so, dass ich verschiedene Bereiche im Körper aufzählte, in denen Metallteile sein könnten. Aber eine Frau hatte tatsächlich ein Metallteil in ihrem Gebärmutterhals und wurde geheilt! Das Metall ist verschwunden, und sie hat es sogar heute medizinisch bestätigen lassen. Es ist verschwunden, ganz und gar. Es ist nicht mehr in ihrem Körper. Was in ihrem Gebärmutterhals war, hätte nur mit einer Art von Kaiserschnitt entfernt werden können.

Die Frau teilte uns mit, dass die Ärzte ihr gesagt hätten, man müsse sie aufschneiden, um das Metall[2] zu entfernen. Es war eine Empfängnisverhütungsmethode, und die Ärzte hatten ihr klar vorhergesagt: „Wenn Sie sich für diese Option entscheiden, seien Sie sich lieber ganz sicher, dass Sie keine Kinder mehr wollen!"

Vielleicht denken Sie: *Wenn sie Geld dafür bezahlt hat, um sich dieses Teil einsetzen zu lassen, wurde ihr und ihrem Mann durch das Verschwinden des Teils ja Schaden zugefügt.*

Aber Gott hat das getan. Einen Monat vorher hatte ein Mann in ihrer Lebensgruppe zu der Frau gesagt: „Gott hat mir gesagt, dass du einen Sohn haben wirst."

Sie sagte ihm: „Du bist verrückt! Ich kann doch gar nicht schwanger werden." Doch sie wusste, dass ihr Mann gern einen

---

[1] Im Englischen klingen diese beiden Begriffe ähnlich: *cervix* bzw. *cervical area*; Anm. d. Übers.

[2] Wahrscheinlich eine Spirale zur Empfängnisverhütung; Anm. d. Übers.

Sohn gehabt hätte. Und jetzt ist sie von der Möglichkeit begeistert, einen Sohn zu bekommen. Gott hat das möglich gemacht.

Bill: Erstaunlich! Hast du jemals einen Durchbruch wie diesen – damit meine ich nicht das Wort der Erkenntnis, sondern ein solches Gebiet, wie wir es schon ansprachen – als Grundlage genutzt, um in ein weiteres Gebiet durchzubrechen? Hast du so etwas schon mal erlebt?

Randy: In einem Bereich habe ich schon mal einen Durchbruch erreicht, aber das war eigentlich nicht damit verknüpft, dass ich davor einen Durchbruch in einem anderen Bereich erlebt hatte. Diese Erfahrung stand mit einer Geschichte in Verbindung – dem Zeugnis von Jesus. Es geschah, als ich Anfang fünfzig war – ich bin nun schon vierzig Jahre im Dienst. (Im Alter von achtzehn habe ich meine erste Predigt gehalten.)

Ich hörte ein Zeugnis, dass Gott in Mozambique Tote auferweckt. Zu der Zeit war ich gerade in Brasilien und betete an jenem Abend für zwei Menschen, die an den Folgen eines Schlaganfalles litten. Noch nie hatte ich erlebt, dass ein Opfer eines Schlaganfalles geheilt worden war. Ich hatte keinen Glauben dafür, da ich in den Jahren vorher als Pastor mehrere Male für Schlaganfall-Opfer gebetet hatte und nie eine Heilung erlebte. Das war ein Bereich, für den ich nicht viel Glauben hatte. Doch ich erkannte, dass ich diese Fälle nicht länger als hoffnungslos ansehen sollte, da mir allmählich in den Sinn kam: *Gott weckt sogar Tote auf, bei denen alle Gehirnzellen zerstört worden sind, in Wirklichkeit sogar alle Zellen ihres Körpers! Dazu ist wirklich Auferstehungskraft nötig. Wenn dies der Fall ist, kann Gott auch Menschen heilen, die einen Schlaganfall hatten!* Ich hatte also auf einmal diese neue Erwartungshaltung, dass Gott auch Schlaganfall-Opfer heilen könnte.

An jenem Abend in Brasilien waren ein Mann und eine Frau im Gottesdienst, die einen Schlaganfall erlitten hatten. Bei beiden waren die Arme gelähmt; die rechte Seite ihres Gehirns war beeinträchtigt und sie waren linksseitig gelähmt. Ihre Hände waren wie bei Schlaganfällen üblich wie Klauen geformt, nachinnen gebogen und unbrauchbar. Die Frau konnte auch nicht sprechen. Ihr Sprachvermögen war beeinträchtigt worden.

Der Mann war noch nicht einmal errettet und die Frau gehörte der römisch-katholischen Kirche an, war aber zu diesem pfingstlichen Gottesdienst gekommen. Sie trug sogar einen Schleier und alles, was dazugehört. Es war erstaunlich, dass sie überhaupt gekommen war; in Lateinamerika kommt es selten vor, dass sich diese beiden Gruppierungen treffen.

Bevor der Gottesdienst anfing, verbrachten wir als Team ungefähr eine Stunde im Gebet. Danach gab es eine einstündige Anbetungszeit, bevor ich zu predigen anfing. Wir hatten eigentlich sogar zwei Teams, und ich wechselte immer zwischen den beiden. Für beide Schlaganfall-Opfer wurde gebetet. Zu dem Zeitpunkt, als ich aufstand, um mit der Predigt zu beginnen, sah ich, dass der Mann weinte und seine Hände erhoben hatte. Er war von den Folgen des Schlaganfalls geheilt worden. Dann wandte ich meinen Blick zu der Frau, und sie klatschte in die Hände und *sang* in der Anbetung. Auch sie war völlig geheilt worden.

Dies geschah in Petropolis oben in den Bergen von Brasilien. Am nächsten Tag, als wir nach Rio de Janeiro zurückkamen, sahen wir einen Mann im Rollstuhl. Seit Jahren war er wegen eines Schlaganfalls daran gefesselt. An jenem Abend stand er auf und konnte wieder laufen. Somit wendete sich das Blatt von gar keiner Heilung bei Schlaganfällen hin zur Jahreszeit der „Erstlingsfrucht", wie ich sie bezeichne, in der drei Heilungen innerhalb von 24 Stunden stattfanden. Und all dies war mit dem Zeugnis, das ich gehört hatte, verknüpft, dass Gott Tote auferweckt hatte. Das hat meinen Glauben aufgebaut, dass die gleiche Auferstehungskraft auch Schlaganfall-Opfer heilt.

Du hast mit mir darüber gesprochen, Bill, wie du erfahren hast, dass eine Sache zur nächsten führt. Inzwischen achte ich darauf, und noch mehr, seit ich dich letzte oder vorletzte Woche interviewt habe. Ich glaube, dass das noch häufiger passieren wird. Du hast so etwas sogar heute Abend während des Gottesdienstes gemacht. Du hast eine Art von Heilung genommen und dich dann in eine andere hineinbewegt. Ich habe dich beobachtet. Siehst du, ich beobachte dich! Als ich Rodney Howard-Browne das erste Mal gesehen habe, ging es nicht um Heilung, sondern um Gabenübertragung. Doch ich kann mich noch erinnern, wie John Wimber oder Blaine oder wahrscheinlich beide gesagt haben: „Ich kann nur das tun, was ich den Vater tun sehe." Daraufhin haben sie darüber gesprochen und einander gefragt: „Hast du den Geist darauf gesehen?"

Ich hatte keine Ahnung, was sie damit meinten; das musste ich erst auf meinem Weg lernen, denn ich war ja Baptist und verstand die Sprache ihrer Gruppe bzw. diese Dinge nicht. Also habe ich nachgefragt: „Was meint ihr damit, wenn Ihr sagt: ‚Hast du den Geist gesehen?' Habt ihr dann eine Aura, ein Glühen, eine Wolke oder eine Taube gesehen? Was bedeutet das, du hättest den Geist gesehen?"

Dann haben sie geantwortet: „Wir haben gelernt zu erkennen, wie sich der Geist auf den menschlichen Körper auswirkt, und dem gehen wir nach."

Und ich habe gesagt: „Warum habt ihr das nicht gleich gesagt? Das verstehe ich. Aber das andere Zeug ist mir zu geheimnisvoll."

Im Jahr 1993 besuchte ich Rodney. Er sagt oft zu den Leuten: „Da ist es, nimm es." Ich habe mich dann gefragt: *Da ist was? Was hat er da gerade gesehen?* So bin ich ihm lange Zeit gefolgt, bis er fand, es sei genug. Ich sagte mir: *Ich möchte nicht vergessen, was ich gesehen habe.* Ich lerne durch das, was ich sehe und worauf ich bewusst mein Augenmerk richte, damit es sich mir einprägt. Während ich sah, was er tat, betete ich: *Gott, ich möchte in meinem Leben erleben, was ich diesen Mann tun sehe!* Also habe ich ihn sorgfältig beobachtet und mir selbst die Frage gestellt: *Wie fließt er mit Gott? Was sieht er? Wie erhält er diese Informationen von Gott?*

Als ich John Wimber zuerst gefolgt bin, habe ich auch ihn beobachtet und mich dasselbe gefragt: *Was sieht er denn?* Ich bin nicht mit Wimber gereist, sondern bin zuerst irgendwo hingefahren, um ihn zu treffen, und er hat zu mir gesagt: „Du kommst mit mir mit und bist mein Schatten. Du beobachtest mich, und wenn wir fertig sind und du Fragen hast, werde ich dir die Dinge erklären."

Damals dachte ich, dass er dies mit jedem machte, aber später habe ich herausgefunden, dass es deswegen war, weil er dieses Wort über mich empfangen hatte, als er mich das erste Mal traf – dass ich eines Tages um die Welt reisen und Menschen die Hände auflegen würde. In Wirklichkeit hat er in mich hineingesät, und ich wusste noch nicht einmal, warum. Aber die Zeit, die er sich genommen hat, um mir Dinge zu erklären, war wirklich sehr ermutigend.

Weißt du, Bill, dass ich das heutzutage bei dir mache? Ich schaue dir zu. Wenn wir dann miteinander sprechen, kann ich dir Fragen stellen, was mir wirklich hilft, die Puzzleteile zusammenzusetzen.

Bill: Das ist ja unbezahlbar, wie John Wimber in dich hineingesät hat und wie du lernen konntest, indem du ihm und anderen Fragen gestellt hast.

Gerne möchte ich, dass du einen der Punkte ansprichst, die ich von *dir* in der Anfangszeit gelernt habe. Ich erinnere mich daran, dass du mal erwähnt hast, dass du bei allen Dingen, die mit dem Kopf oder dem Verstand zu tun haben, keinen Durchbruch erlebst.

Randy: Da ging es um psychische Erkrankungen.

Bill: Genau, psychische Erkrankungen. Was du nämlich gemacht hast, war, dass du das anvisiert hast, was du nicht gesehen hast. Du hast dich eine Zeit lang im Gebet auf ein bestimmtes Anliegen konzentriert, und dann hast du allmählich auf diesem Gebiet einen Durchbruch erzielt. Wir sind deinem Vorbild gefolgt und haben das Gleiche versucht, und nach und nach erlangten auch wir in den Bereichen Durchbrüche, in denen wir vorher nicht durchkamen.

Ich glaube, wir berühren hier das Prinzip, dass man ein Zeugnis nimmt – wie das Auferwecken der Toten, worüber du gerade gesprochen hast – und es als Sprungbrett gebraucht, um Vertrauen aufzubauen, sodass man in einen weiteren Bereich von Wundern hineinkommt. Das ist gewaltig, denn was wir hier gerade erkennen, hängt stark miteinander zusammen. Bei unserem schöpferischen Wunder heute Abend hat sich wohl in Kniegelenken Knorpel ganz neu gebildet. Und es ist so viel einfacher, für Dinge zu beten, die man nicht sehen kann, wie Knorpel in einem Knie, als für einen fehlenden Finger oder so etwas. Doch wenn Gott fehlenden Knorpel ersetzt, kann er auch fehlende Finger ersetzen ...

Einen Bereich zu benutzen, in dem man bereits einen Durchbruch erlebt hat, um in etwas Neues vorzudringen, ist also gewaltig. Das

Gleiche gilt für das gezielte Anvisieren von Gebieten, in denen wir noch keinen Durchbruch erlebt haben. Das habe ich von dir und deinem Team ganz am Anfang gelernt. Ich erinnere mich, dass du darüber gesprochen hast, auf diese Weise für spezifische Dinge zu beten, als du das erste Mal nach Redding kamst. Kannst du dich sonst noch an einen Bereich von Heilung erinnern, den du im Gebet anvisiert und dann allmählich Durchbrüche erlebt hast?

Randy: Es gab zwei. In diesen beiden Bereichen erlangten wir schließlich entscheidende Durchbrüche, nachdem wir darin anscheinend zuerst herzzerreißende Niederlagen erlebt hatten. Ich hatte dir gegenüber erwähnt, dass meine Gemeinde in St. Louis die einzige Gemeinde in der Stadt war, die eine Selbsthilfegruppe für psychisch Kranke hatte. Es musste nachweisbar eine psychische Erkrankung bei einem diagnostiziert worden sein, um in diese Selbsthilfegruppe kommen zu können. Dem Mann, der sie leitete, hatte ich die Hände aufgelegt und für ihn gebetet. Er war schwergradig manisch-depressiv und wurde geheilt, somit wurde er der Gruppenleiter. In jedem Jahr, in dem er Medikamente eingenommen hatte, verbrachte er zwei Wochen in einer psychiatrischen Abteilung. Mit Medikamenten konnte man sein Problem nicht in den Griff bekommen.

Nachdem wir für ihn gebetet hatten, konnte er sowohl die Dosis seiner Medikamente verringern als auch weitere Psychiatrieaufenthalte vermeiden, so weit ich weiß. Das ist inzwischen über dreißig Jahre her. Seitdem musste er nie wieder in Krankenhausbehandlung, außer ein einziges Mal, als er sich freiwillig hineinbegeben hat. Bei seiner Frau war gerade Brustkrebs entdeckt worden und es musste eine Brustamputation vorgenommen werden. Auch hatten sie gerade ein Baby bekommen. Stress kann Dinge auslösen, und unter dem Stress der gesamten Situation dachte er sich: *Vielleicht sollte ich mich selber einweisen, nur um sicherzugehen.* Er blieb einen Tag lang dort und entschied: *Ich hätte mich hier nicht einweisen lassen müssen!* Also hat er das Krankenhaus wieder verlassen, und damit war dieses Kapitel abgeschlossen.

Da wir diese Art von Gruppe anboten, hatten wir plötzlich all diese Menschen mit psychischen Problemen in unserer Gemeinde.

Mir wurde schnell klar, wie zerstörerisch dies war. Damals haben wir eine ganze Reihe körperlicher Heilungen gesehen, aber keine Heilungen von psychischen Erkrankungen – keine Heilungen von manisch-depressiven, schizophrenen oder klinisch depressiven Menschen. Es gab lediglich diesen Gruppenleiter; er war die „Erstlingsfrucht", weil er geheilt wurde, als er das erste Mal kam.

Ich schlug in meiner Bibel Psalm 103:2-3 auf: „Preise den HERRN, meine Seele, und vergiss nicht alle seine Wohltaten! Der da vergibt alle deine Sünde, der da heilt alle deine Krankheiten." Also habe ich meine beiden Co-Pastoren mitgenommen, und als letzte Handlung vor dem Sonntag sind wir durch jede Bankreihe gelaufen. Es war ja keine große Gemeinde, weswegen es nicht so lange gedauert hat. Wir legten auf jeden Sitzplatz unsere Hände und bekannten dabei diese Schriftstelle und sagten: „Herr, was unsere Erfahrung angeht, erleben wir das nicht. Doch dein Wort sagt, dass du uns von allen unseren Krankheiten heilst. Also, Herr, bekennen wir dieses Versprechen in deinem Wort und bitten dich, dass diese Salbung in unsere Gemeinde kommt. Wir bitten dich, dass wir anfangen zu sehen, dass psychische Erkrankungen geheilt werden."

Das haben wir über einen längeren Zeitraum gebetet, bis wir schließlich einen Durchbruch erlebten. Dann ist einer der Männer, der schizophren war und für den ich überall, wo ich ihn traf, gebetet habe (sogar in der Stadt), an einer versehentlichen Überdosis gestorben. Das war niederschmetternd. Er war erst in den Zwanzigern. Das war ein heftiger Schlag. Für mich war Schizophrenie unser Goliath, der die israelischen Armeen verhöhnte. Alles andere wurde überwunden, dennoch blieb dieser Goliath, der Schizophrenie hieß.

In Tuscon (Arizona) begegneten wir jedoch einer junge Frau, die 180 Tage im Jahr wegen Schizophrenie auf einer psychiatrischen Station verbringen musste und noch nicht einmal in ganzen Sätzen sprechen konnte. Sie wurde auf wundervolle Weise geheilt, es war in gewisser Weise eine souveräne Heilung. Gott hatte einige Dinge zu ihrem Vater gesprochen. Der Mann, der für sie gebetet hat, sagte einfach nur: „Ich segne dich in Jesu Namen." Daraufhin hörte sie, wie der Herr zu ihr sprach, sie solle sich mit Öl salben. Also ging sie nach Hause und salbte sich mit Flachssamenöl ein und lag dann die ganze Nacht zitternd am Boden. Am nächsten Morgen war sie völlig normal.

Bill: Aber es wurde in der Versammlung, die ihr hattet, freigesetzt?

Randy: Ja, und es wurden noch weitere psychische Erkrankungen während dieser Versammlung geheilt. Tatsächlich aber hast du viel mehr Heilungen von psychischen Erkrankungen und manischer Depression erlebt als wir. Es ist erstaunlich, wie die Durchbrüche kommen. Sagtest du nicht, dass du gar nicht für allzu viele gebetet hast?

Bill: Wir haben inzwischen fast sechzig Heilungen von manischer Depression gesehen und ich glaube, wir haben nur für fünf oder vielleicht sechs von ihnen gebetet.

Randy: Und die Heilungen geschehen entweder in der Anbetung oder durch dadurch, dass ein entsprechendes Zeugnis gegeben wird?

Bill: Ja, entweder während der Anbetung oder durch ein Zeugnis. Die meisten jedoch durch ein Zeugnis, aber einige auch während der Anbetung. Menschen kommen einfach und teilen mit: „Ich habe das Zeugnis gehört, daraufhin habe ich meine Medizin abgesetzt und mir geht's gut." Erst letzte Woche habe ich das von jemandem gehört. Es geht fortwährend weiter.

Ich liebe das Bekennen des Wortes, wie du es erwähnt hast. Mir gefällt es, wenn du das, was Gott in seinem Wort gesagt hat, über den Sitzplätzen für den nächsten Gottesdienst betest.

Randy: Als ich damit angefangen habe, hat dies meine Erwartungshaltung gesteigert. Ich benutze das Wort *Erwartung*, welches mein Lieblingswort ist. Das Wort *Glauben* hat für viele Menschen seine Schärfe verloren. Sie denken, Glauben bedeute einfach, dass Gott etwas tun kann. Aber Glauben ist viel mehr als das. Auf gewisse Art und Weise ist der Glaube, der Berge versetzen kann, nicht, dass wir glauben, Gott kann es tun, sondern dass wir *erwarten, dass er gleich etwas tun wird.* Das ist ein ganz anderes

Empfinden. Für mich ist das noch nicht einmal die Gabe des Glaubens. Ein paar Mal in meinem Leben, weniger als ich mit zehn Fingern in meinen vierzig Jahren Dienst zählen kann, wurde mir die Gabe des Glaubens verliehen. Dann wusste ich ohne jeglichen Zweifel, dass genau das geschehen würde, was ich im nächsten Moment aussprechen würde. Da war kein bisschen Zweifel.

In unseren Schulen lehre ich die Leute: Wenn du glaubst, die Gabe des Glaubens zu haben, dann wird alles geschehen, was du aussprichst. Dann kannst du nicht der Person, für die du betest, die Schuld in die Schuhe schieben, wenn nichts geschieht. Mach sie nicht verantwortlich, indem du sagst: „Also ich habe zwar die Gabe des Glaubens, aber weil du keinen Glauben hattest, bist du nicht geheilt worden." Mach das auf keinen Fall, denn wenn du die Gabe des Glaubens hast, könnte sie sogar tot sein und würde Heilung erfahren. Wenn du die Gabe des Glaubens hast, ist nichts von ihrer Seite her erforderlich.

KAPITEL 10

Wie es zu Durchbrüchen und mehr Heilungen kommt

Bill: Kannst du noch weitere größere Durchbrüche auf bestimmte Erfahrungen bzw. Erkenntnisse zurückführen, Randy? Hat es mal eine Zeit gegeben, in der der Herr etwas aus seinem Wort zu dir gesprochen hat, wodurch dir etwas klar wurde, was zu mehr Heilungen führte?

Randy: Ja. Die erste Begebenheit geschah vor etwa zwei Jahren und die zweite vor etwa einem Jahr. Die erste gründete sich auf die Stelle in 2. Korinther 4,13, wo Paulus sagt: „Da wir aber denselben Geist des Glaubens haben — nach dem, was geschrieben steht: ‚Ich habe geglaubt, darum habe ich geredet', so glauben auch wir, darum reden wir auch."

Diese Schriftstelle hatte ich viele Male gesehen, aber als Gott sie für mich lebendig machte, kam wirklich Leben hinein. Ganz plötzlich stellte ich diese Verbindung her: Glauben muss gesprochen werden. Man kann sagen, dass man etwas glaubt, aber wenn man nicht genug Glauben hat, es auch zu proklamieren, es auszusprechen, bleibt etwas, was nicht freigesetzt wird. Ich glaube nicht, was die Anhänger der New-Age-Bewegung lehren, nämlich dass wir unsere Realität durch das, was wir aussprechen, erschaffen. Das ist der Unterschied zwischen christlichem Denken und dem von New Age. Christliches Denken setzt voraus, dass der Herr derjenige ist, der den Glauben schenkt. Wir sind in unserer Beziehung von ihm abhängig und können nicht alles Mögliche, was wir wollen, erschaffen. Wir erschaffen das, was er uns *zeigt.*

Ich erkannte, dass ich Dinge im Glauben sprechen konnte, und zwar die, welche Gott mir gerade zeigt. Vorher habe ich normalerweise gesagt: „Ich glaube, dass Gott heute Abend einige Menschen heilen wird", aber damit habe ich dann aufgehört. Ich fing an, auf die Anzahl der Heilungen zu achten, und nach einiger Zeit dämmerte mir etwas. Ich beobachtete, wie viele Menschen die Versammlung besuchten und wie viele Menschen im Verhältnis dazu geheilt wurden. Dabei hat Gott mir ein Muster gezeigt. Wir haben fast nie weniger als zehn Prozent Heilungen.

Bill: Meinst du im Verhältnis zur Gesamtzahl der Besucher?

Randy: Ja, zu allen Besuchern. Wenn tausend Menschen im Gottesdienst waren, wurden mindestens einhundert geheilt. Wenn hundert Menschen im Gottesdienst waren, wurden mindestens zehn geheilt. Wenn es ein wirklich gutes Treffen war, wurden sogar 20 Prozent geheilt. Wenn es ein großartiges Treffen war, sogar 30 Prozent. Und manchmal, zum Beispiel auf unserer letzten Reise, wurden 100 Prozent geheilt! Bei einer kleineren Versammlung wurde jede Person geheilt, für die gebetet wurde. In einer weiteren waren es 90 Prozent.

Vielleicht klingt das gewagt, aber ich habe einfach auf der Grundlage von dem, was Gott mir gezeigt hat, angefangen, die Mindestanzahl von Menschen, die in einer Versammlung geheilt werden, auszusprechen. Ein Mann in Brasilien, Alan Hawkins, hatte mich drei Jahre lang nicht gesehen und bemerkte sofort den Unterschied. Er sagte: „Randy, du hast einen Quantensprung gemacht. Kein Vergleich mehr zu dem, wo du vor drei Jahren ge standen bist, als ich dich begleitete. Du selbst magst es vielleicht nicht erkennen, weil es Stück für Stück passiert ist. Aber wir haben uns drei Jahre lang nicht gesehen und du befindest dich heute auf einer anderen Ebene. Du sprichst jetzt Dinge aus, die du damals nicht ausgesprochen hättest."

Ich fragte ihn: „Was zum Beispiel?"

Er sagte: „Du stehst einfach auf und proklamierst: ‚Gott wird ... heilen', und fügst dabei ein, wie viele Menschen es sein werden."

Das stimmt. Wenn ich jetzt in einen Gottesdienst gehe, versuche ich fast immer herauszufinden, wie viele Menschen da sind, und dann erkläre ich: „Heute Abend, bevor wir gehen, wird Gott ... heilen." Dann nenne ich zehn Prozent der Gesamtzahl der Anwesenden. Tatsächlich ist es inzwischen so, Bill, dass es keines Glaubens bedarf, weil ich so sehr auf Gottes Treue vertraue. Auf der Grundlage dessen, was er mir gezeigt hat, wäre es eine sehr schlechte Versammlung, wenn nicht wenigstens zehn Prozent geheilt würden.

Das ist in deiner Gemeinde auch passiert, als ich das erste Mal kam. Du wirst dich daran erinnern. Ben war auch mit dabei. Als wir das erste Mal kamen, blieben wir mehrere Tage. Zu dem Zeitpunkt hattet ihr etwa 1000 Sitzplätze. Also wusste ich, dass durchschnittlich 30 Menschen geheilt würden, ungefähr 30 Menschen errettet und etwa 30 Menschen Befreiung erfahren würden. Dieses Zahlenverhältnis habe ich über zwei Jahre lang beobachtet. Also beteten wir, und 25 wurden geheilt, was ziemlich dicht an der 30er-Marke liegt. Danach, als wir noch weiter unter Handauflegung für Menschen gebetet haben, waren es wieder über 30. Und dann hatte ich einen Eindruck, der mir zu einem gewaltigen Durchbruch verholfen hat. Ich wünschte, dass ich schon früher daran gedacht hätte! Gott gab mir folgenden Eindruck: *Ich möchte, dass du so betest, wie Abraham für Sodom und Gomorrha gebetet hat.*

Bill: Aber rückwärts?

Randy: Rückwärts! Anstatt, dass die Zahlen abnehmen – 50, 40, 30, 20, 10, sollten sie steigen. Der Eindruck von Gott war: *Ich möchte, dass du mich so bittest wie Abraham mich für die Menschen gebeten hat, aber mache es andersherum und bitte mich um die Anzahl, für die du Glauben hast.*

Beim ersten Mal, als ich dies getan habe, wurden 25 Menschen geheilt. Dann habe ich zu deiner Gemeinde gesagt: „Ich hatte gerade den Eindruck, dass Gott zu mir gesprochen hat." So habe ich sie gefragt: „Glaubt ihr, dass Gott müde ist?"

„Nein!", antworteten sie.

„Glaubt Ihr, dass ihm die Kraft ausgegangen ist?", fuhr ich fort.

„Nein!", antworteten sie.

„Ich auch nicht. Herr, ich bitte dich um 50 Heilungen." Das war mehr, als wir bisher gesehen hatten. Wenn ich mich richtig erinnere, habe ich es an dem Abend in meine Bibel geschrieben; es ist einer dieser denkwürdigen Momente, die man aufschreibt. Und wir hatten 57 Heilungen.

Noch einmal gab der Herr mir denselben Eindruck: *Bitte mich um mehr gemäß dem Maß deines Glaubens.*

Also fragte ich die Versammlung noch einmal: „Glaubt ihr, dass Gott müde ist?"

„Nein!"

„Glaubt Ihr, dass ihm die Kraft ausgegangen ist?"

„Nein!"

„Also lasst uns ihn um 75 bitten." Wir haben also noch einmal gebetet und zählten schließlich genau 75 Heilungen. Dann haben wir uns nach 100 ausgestreckt, und wenn ich mich richtig erinnere und wir richtig gezählt haben, waren es am Schluss 134 Heilungen!

Jemand in der Gemeinde kam auf mich zu und fragte: „Warum hast du dir so viel Zeit dafür gelassen? Warum hast du Gott nicht gleich am Anfang um 100 gebeten?"

Ich sagte: „Du hast es nicht verstanden, man kann sich nicht wahllos eine Zahl aussuchen. Als wir bei 25 Heilungen waren, war mein Glaube noch nicht groß genug für die 100. Danach hatte ich Glauben für 50, aber noch nicht für 75. Gott hatte ja gesagt: ‚Bete so wie Abraham und bitte mich gemäß dem Maß deines Glaubens.' Also befolgte ich das."

Während all dieser Jahre habe ich das viele, viele Male wiederholt. Einmal hat mir eine Dolmetscherin beim Dienst geholfen. Wir waren in einer großen Gemeinde in Brasilien und sie hatte mich das schon oft tun sehen. Sie beugte sich zu mir herüber und sagte: „Du musst für mehr bitten."

Ich antwortete: „Ach ja? Was denkst du, für wie viele wir bitten sollten?" Wir baten gerade um 50 oder vielleicht 70.

Sie nannte eine riesige Zahl. Ich erinnere mich nicht mehr, ob es 150 oder 200 waren, aber sie sagte es laut und deutlich vor allen Menschen.

Ich war sprachlos. Ich dachte: *Dafür habe ich keinen Glauben.* Den hatte ich wirklich nicht, und das wusste ich. Also sagte ich: „*Du* betest dafür." Und Gott gab ihr den Glauben, sie betete, und tatsächlich wurden so viele Menschen geheilt. Es war ein riesig großer Sprung nach vorne, von wo ich damals noch stand. Das war eine sehr hilfreiche Zeit.

Bill: Du hast erwähnt, dass du vor zwei und vor einem Jahr jeweils eine Erkenntnis aus der Bibel gewonnen hast. Haben wir über beide schon gesprochen?

Randy: Nein, die andere Erkenntnis bzw. Einsicht gewann ich, als ich wieder in Brasilien war, auf dem Weg in diese Baptistengemeinde mit dem Namen Agua Vidas (Lebendiges Wasser). Mir kam der Gedanke: *In Jesus Christus ist nicht ja und nein, sondern ja.*

Ich wusste nicht, wo die Schriftstelle stand, aber all die Leute dort hatten Smartphones, also haben sie ihr kleines Bibelprogramm darin geöffnet und die Stelle für mich gesucht. Sie steht in 2. Korinther 1. Ich las den ganzen Abschnitt, und in Vers 20 fand ich den Schlüssel: „Denn auf alle Gottesverheißungen ist in ihm (Christus) das Ja; darum sprechen wir auch durch ihn das Amen, Gott zum Lobe" (LUT). Ich hatte das viele Male gelesen, aber plötzlich war es so, als wenn die Lichter angingen. Diese Verheißungen sind nicht nur biblische Verheißungen, obwohl sie das mit einschließen. Sie sind auch Rhema-Wort-Versprechen. Sie sind nicht ja und nein. Es ist nicht so, dass wir sagen: „Ja, ich will das", und Gott sagt: „Wenn ich dir eine Verheißung gebe, sage ich manchmal nein." Was seine Verheißungen angeht, sagt er immer ja. Das ist mir klar geworden, aber dies war nicht der Teil, der für mich wirklich herausstach, sondern es war die Stelle „darum sprechen wir auch durch ihn das Amen", und das steht im Plural.

Dadurch empfing ich ein Verständnis, dass wir in der Zukunft die größten Wunder sehen werden, wenn wir der Gemeinde beigebracht haben, ihren gemeinschaftlichen, korporativen Glauben einzusetzen. Die Leute müssen wissen: Wenn jemand für eine andere Person ein Wort der Erkenntnis bekommt, hat das nicht nur zur Folge, dass bei der Person, die es empfangen hat, der Glaube wächst und sie den Glauben der anderen vermehrt. Die ganze Versammlung muss verstehen, wie Gott wirkt. Wenn die Leute die Wege Gottes verstehen, bewirkt das buchstäblich in der ganzen Gemeinde, dass sie ihre Herzen erheben und aussprechen: „Ja, Gott ist bereit, das zu tun!" Daraufhin sprechen alle von uns das „Amen", was „Lass es geschehen!" oder „So sei es!" bedeutet, zur Ehre Gottes.

Davor hatte ich bereits eine Offenbarung, nämlich dass *Herrlichkeit* ein Synonym für die Kraft Gottes ist, und dass die Kraft Gottes die Art und Weise ist, wie er seinen Namen verherrlicht. Also sucht Gott danach, dass wir gemeinschaftlich das „Amen" aussprechen, damit er noch größere Wunder zu seiner Verherrlichung freisetzen kann. Ich fing an, darüber zu lehren, und empfing dadurch Leben für mich, und es hat mir geholfen, den wichtigen Faktor zu verstehen, den gemeinschaftlichen Glauben in einem Gottesdienst zu stärken.

Bill: Eine Sache, die mich sehr beindruckt hat, wenn du über Heilung lehrst, ist, wie beispielhaft du mitteilst und anwendest, was du gerade lernst, auch wenn du noch mitten im Lernprozess stehst. Du setzt Dinge in die Praxis um, aber da ist überhaupt nichts Showmäßiges an dir. Etwas aufzubauschen flößt mir Furcht ein, weil es so dicht bei Unehrlichkeit liegt, doch das erlebe ich bei dir überhaupt nicht.

Mir fällt gerade eine bestimmte Situation in Brasilien mit dir ein, aus der ich gelernt habe. Du hast ein geistliches Bild empfangen, was für dich zu der Zeit noch recht neu war. Du hast einen weißen Kleinbus gesehen, der auf dem Dach lag, und die Menschen darin waren durch ihre Sicherheitsgurte gefangen gehalten. Das Bild war ziemlich kompliziert für so einen Schnappschuss-Eindruck. Doch wenn ich sehe, wie du dich auf diese Art vorwärtsbewegst, ist das recht risikoreich, weil du etwas weitergibst, das für uns alle neu ist. Dennoch gehst du in einer Weise vor, dass, wenn du fertig bist, ich das Empfinden habe, es auch tun zu können. Kannst du etwas über diesen Prozess sagen?

Randy: Ich erinnere mich an dieses geistliche Bild. Das war das erste überhaupt, und mir war nicht klar, ob ich träumte oder ob ich wach war.

Bill: Das ist seltsam. Also kam es gar nicht während der Versammlung?

Randy: Nein, es kam nicht in der Versammlung; ich habe es empfangen, noch bevor wir dort ankamen. Ich habe mich ausgeruht, weil ich erschöpft war – es war eine dieser Reisen in Brasilien, bei der man nur zwei kurze Schlafphasen, eine nachts und eine nachmittags hat. Ehrlich gesagt habe ich nie herausgefunden, ob ich wach war, als ich das sah, oder ob ich gleich danach aufgewacht bin. Ich hatte noch nichts von Worten der Erkenntnis gehört, die durch Träume kommen. Ich hatte erst ein Jahr vorher von einigen Mosambikanern davon gehört, und danach hatte ich dann Glauben dafür. Aber dies war das erste Mal, dass mir so etwas widerfahren ist. Dann geschah es auch in Josef Garlingtons Gemeinde.

Wann immer ich mir einer Sache nicht sicher bin, bin ich sehr vorsichtig damit, wie ich es formuliere. Zum Beispiel hast du mich viele Male in Bezug auf Engel sagen hören: „Ich *glaube*, Gott hat mir gerade gesagt, dass Engel im Raum sind." So sollten wir es machen. Als es zu diesem geistlichen Bild kam, dachte ich mir: *Ich bin nicht sicher, und wenn es Gott ist, wird es funktionieren. Wenn nichts passiert, dann habe ich Gott verpasst. Aber nur wenn ich es ausprobiere, kann ich das herausfinden.*

Also war ich sehr ehrlich. Ich bin nicht aufgestanden und habe gesagt: „Gott hat gerade zu mir gesprochen" und habe nicht versucht, damit Glauben anzukurbeln, indem ich mich so verhalte, als hätte ich volles Vertrauen, wo dies gar nicht der Fall war. Das kann ich nicht, denn wenn ich mich geirrt habe, fühlt sich das viel schlimmer an und wird der Versammlung mehr schaden, als wenn ich von Anfang an ehrlich bin.

Bei diesem Treffen, über das du gesprochen hast, gab ich zunächst all die Worte der Erkenntnis, derer ich mir sicher war, bekannt. Wie immer habe ich das bis zum Schluss zurückgehalten, was neu für mich war und worin ich noch am Lernen war, einfach für den Fall, dass ich mich getäuscht habe und es nicht zutraf. Auf diese Weise würde es nicht so viel Schaden anrichten. Ich habe den Leuten gesagt: „Ich *glaube*, ich habe etwas gesehen, und ich muss herausfinden, ob das wirklich von Gott ist oder nicht. Ich möchte, dass du nur dann nach vorne kommst, wenn du wirklich einen Unfall hattest. Du warst in einem weißen Fahrzeug, das umgedreht auf dem Dach lag, und hingst an deinem Sicherheitsgurt fest. Seitdem leidest du an Folgeschäden in deinem Rücken." Ich wusste sogar, welcher Wirbel in Mitleidenschaft gezogen wurde. Ich wiederholte noch einmal: „Ich möchte, dass du nur dann nach vorne kommst, wenn du wirklich einen Unfall hattest, das Auto auf dem Dach lag und du an deinem Gurt hingst."

Bill: Und vier Menschen haben darauf reagiert! Wie konnte es vier Menschen geben, die mit dem gleichen Automodell unterwegs waren und das gleiche ungewöhnliche Erlebnis hatten? Vier!

Randy: Und drei von ihnen wurden sofort geheilt, beim vierten dauerte es ein paar Minuten länger. Daraus habe ich gelernt.

Bill: Ich auch.

Randy: Solche geistlichen Bilder habe ich nicht sehr oft, aber ich bekomme sie jetzt häufiger als früher. Aber den Prozess, der dabei in mir abläuft, lege ich offen, das heißt, dass ich Schritt für Schritt erkläre, wie ich versuche von Gott zu hören und treu auf das reagiere, wovon ich glaube, dass er mich darum bittet. Auch versuche ich zu erklären, was ich in dem Moment gedacht und gefühlt habe und weshalb genau ich das tat, was ich getan habe.

Bill: Ich glaube, Gott wird unsere Kapazität für geistliche Bilder erweitern. Der große Heilungsevangelist William Branham hat ebenfalls seinen Zuhörern den Prozess, den er durchlief, laut erklärt. Es sah aus, als würde er die Menschen mit auf eine Reise nehmen; zumindest kann man das aus dem folgern, was wir über ihn gelesen haben.

Randy: Auch wenn man Videos von ihm anschaut.

Bill: Er war so demütig und unbeeindruckt von sich selbst. Mit Menschen wie ihm auf eine geistliche Reise zu gehen, ermöglicht es uns allen, zu lernen. Genauso lerne ich auch fortwährend von dir.

KAPITEL 11

Anbetung und die Herrlichkeit

Bill: Ein weiteres Erlebnis, das mir gerade einfiel, Randy, hatten wir, als wir zusammen in der Dominikanischen Republik waren. Es hatten schon einige Heilungen stattgefunden, und dann hast du die Richtung des Gottesdienstes geändert, weil du den Eindruck hattest, dass wir in eine Zeit der Anbetung gehen sollten. Erkläre mir das bitte einmal. Ich glaube an die Kraft der Anbetung aufgrund all dessen, was wir gesehen haben. Aber erkläre hier doch mal das Element der Anbetung, also nicht nur das Experiment bei diesem einen Mal, sondern ganz allgemein das Element von Anbetung, wenn es um Wunder geht. Und natürlich auch in dieser besonderen Situation damals; was ist da geschehen?

Randy: Das war das erste Mal, dass so etwas passiert ist. Ich werde gleich über diese Anbetungszeit in der Dominikanischen Republik sprechen, doch es erinnert mich auch an eine Zeit, in der die Herrlichkeit in einen Raum in North Carolina kam. Das war ein riesiger Durchbruch für uns. Es war interessant, weil ich vier Praktikanten dabei hatte, die zum ersten Mal zu einem Einsatz mitgekommen waren. Gott ließ sie beim ersten Mal, dass die Herrlichkeit kam – tatsächlich wohl dem einzigen Mal in dieser Form - mit dabei sein.

Die folgende Erkenntnis war mir gekommen, als ich damals Pastor der Vineyard-Gemeinde war und wir noch nicht einmal ein

Gebäude hatten. Wir befanden uns noch im Anfangsstadium und trafen uns in einer Turnhalle. An einem Sonntag hatten wir einen sehr kraftvollen Anbetungs-Gottesdienst, in dem die Gegenwart Gottes sehr stark war. Am darauf folgenden Montagmorgen weckte mich der Herr mit einem sehr lauten Eindruck; ich glaube zwar nicht, dass er hörbar war, aber trotzdem war er sehr deutlich. Er lautete: *Wenn meine Gegenwart während der Anbetung in eurer Mitte ist, dann ist auch meine Salbung da, Kranke zu heilen.* Das war alles, dann war es vorbei.

Mehrere Jahre vergingen, und wie du schon sagtest, waren wir dann in der Dominikanischen Republik. Am Abend davor hatte ich 45 Minuten lang Worte der Erkenntnis gehabt und viele Menschen, ich glaube mehrere Hundert, waren geheilt worden. Manchmal ist es mir ganz egal, ob ich eine kurze Botschaft predige oder ob ich überhaupt predige, aber an jenem Abend hatte ich das Empfinden, dass ich eine Botschaft für die anwesenden Pastoren habe. Da wir eine lange Anbetungszeit hatten, wäre keine Zeit mehr übrig gewesen, um das Wort zu predigen, wenn ich gleich in Worte der Heilung übergegangen wäre. So begann ich zu beten: *Herr, ich glaube, dass du heilen möchtest, und ich denke nicht, dass wir der zeitlichen Begrenzung, die wir hier haben, erlauben sollten, dich in deinem Handeln einzuschränken.* Während ich versuchte herauszufinden, wie alles in die Zeit hineinpassen könnte, rief der Heilige Geist frisch in meine Erinnerung zurück, was der Herr mir vor Jahren als Eindruck geschenkt hatte: *Wenn meine Gegenwart während der Anbetung in eurer Mitte ist, dann ist auch meine Kraft da, zu heilen.*

Ich erinnerte mich an ein Lied, das sie vorher einmal gesungen hatten, auf dem mehr Salbung lag als auf den anderen, also verkündete ich: „Ich glaube, wir sollten dieses Lied singen, und ich glaube, während wir dieses Lied singen, wird Gott dich heilen. Wir werden dieses Lied jetzt singen, dann bis drei zählen und danach laut jubeln. Wenn wir das getan haben, möchte ich, dass ihr euren Körper überprüft. Dann soll mir jeder, der geheilt wurde, zuwinken."

Ich muss bekennen, dass ich Angst hatte. Ich dachte: *Hoffentlich ist das Gott!* Manchmal ist der einzige Weg, dies herauszufinden, es einfach auszuprobieren. Aber achte darauf, dass ich nicht sagte:

„Gott hat mir gesagt." Stattdessen sagte ich: *„Ich glaube,* das sollten wir tun." Ich habe es unter Vorbehalt geäußert.

Wir setzten es um. Wir sangen das Lied, zählten bis drei und jubelten dann. Über zweihundert Menschen wurden geheilt. Es waren so viele wie am Abend davor, nur dauerte es diesmal lediglich zehn Minuten anstatt 45 Minuten.

Nun, das Problem bei einer solchen Sache ist, dass man versucht ist, sie zu wiederholen. Beim zweiten Mal ist es schwerer als beim ersten Mal. Man sollte meinen, es würde einfacher. Es ist verlockend beim ersten Mal zu denken: *Vielleicht will Gott mir hier etwas zeigen,* und dann versuchst du es ein zweites Mal, weil es beim ersten Mal funktioniert hat. Doch wahrscheinlich bin ich in den letzten fünf Jahren nur ungefähr zehnmal so vorgegangen, oder sehr ähnlich, denn ich möchte daraus keine Formel machen.

Das letzte Mal, als wir vor ein paar Wochen in Brasilien waren, hatten wir jedoch die gleiche Situation. Am Abend zuvor hatte ich nur fünf Minuten gepredigt, und ich empfand, dass ich an diesem Abend etwas länger predigen sollte, also gaben wir keine Worte der Erkenntnis weiter. Ich sagte den Anwesenden: „Heute Abend werden wir keine Worte der Erkenntnis haben." Ein Mann war völlig fertig, denn er wusste, wenn er nur ein Wort der Erkenntnis bekäme, würde er geheilt werden. Stattdessen machte ich etwas, was ich vorher erst einmal in Santarém in Brasilien gemacht hatte. Ich sagte: „Wir werden zusammen im Einklang zwanzigmal aussprechen: ‚Der Herr ist gut, seine Gnade währet ewiglich.' Zwanzig Mal. Und dann werde ich bis drei zählen und wir werden jubeln, und Menschen werden geheilt werden."

Ich hatte den Eindruck, dass wir das so machen sollten, vor allem, da wir über die Güte Gottes gesprochen hatten. Ich spürte, dass es dies wirklich klarmachen würde. In dem Moment kam übrigens auch die Herrlichkeit Gottes. Sie kam sogar ein paarmal, sagten die Leute.

Manchmal kann ich dir nicht sagen, warum ich tue, was ich tue. Es ist vielleicht nicht klar, wo es lang geht, vielleicht keine Gewissheit da, aber manchmal weiß ich es einfach. In die eine Richtung zu gehen, fühlt sich einfach besser an als in die andere. Es ist vielleicht sogar noch nicht einmal eine starke Gewissheit. Es kann sein, dass ich den Leuten einfach nur sage: „Lasst uns Folgendes machen ...", und gar nicht weiß, warum. An jenem Abend haben wir also nach meinen Anweisungen im Einklang gesprochen. Eine Ärztin war anwesend, die sich selbst aufgrund starker Nackenschmerzen täglich 80 Milligramm Morphium verabreichte. Sie bezeugte: „Als wir das zwölfte Mal sagten: ‚Der Herr ist gut', wurde ich geheilt."

Der Mann, den ich schon erwähnt habe, sagte: „Ich war am Boden zerstört, als du bekanntgabst, dass heute Abend keine Worte der Erkenntnis weitergegeben würden, und stattdessen zwanzig Mal das Bekenntnis ausgesprochen würde, du bis drei zählen würdest und dann der Jubelschrei käme. Beim zwanzigsten Mal wurde ich geheilt." Wir hatten eine ganze Reihe solcher Heilungen, aber die Schwierigkeit dabei ist auch wieder, dass du versucht bist, der Methode mehr zu vertrauen als der Stimme Gottes.

Ein weiterer wichtiger Punkt, den ich lernen musste, war, dass ich jahrelang mindestens die Hälfte von dem verpasst habe, was Gott mir mitgeteilt hat, und zwar deshalb, weil ich dachte, ich müsse immer auf sehr starke Eindrücke warten. Erst in den letzten drei Jahren habe ich meine Erwartungshaltung im Hinblick darauf gesenkt, wie stark ein Eindruck sein muss, bevor ich ihn weitergebe.

Bill: Das hast du gut ausgedrückt.

Randy: Vorher musste ein Eindruck ziemlich deutlich sein, sonst hätte ich nicht riskiert, ihn weiterzugeben. Aber in den letzten paar Jahren habe ich erkannt, dass ich so viel mehr höre, als ich dachte. Und manchmal war ich sogar sicher, dass ich Gott überhaupt nicht gehört habe, bis ich später herausfand, dass es Gott war. Auch erkannte ich, dass ein bestimmter Gedanke, der mir während der Zeit kommt, wenn wir dienen, oft von Gott ist. Er mag nicht sehr stark sein, aber wenn der Gedanke mehrfach kommt, gehe ich ihm nach. Das ist hilfreich.

Bill: Etwas Ähnliches haben wir gerade erst von einem Kind in unserer Gemeinde gelernt. Einige Teilnehmer der Schule für den Dienst hatten gerade prophetisch gedient; in ihrem Team war zufällig auch ein kleiner Junge. Bald merkten sie, dass dieser jedes

Mal den Nagel auf den Kopf traf, wenn sie für jemanden beteten – ich meine damit wirkliche Volltreffer. Am Ende fragten sie ihn: „Wie lange machst du das schon?" (Wir trainieren auch unsere Grundschulkinder in all diesen Dingen.)

Der Junge sagte: „Das ist mein erstes Mal."

Die Schüler fragten ihn: „Wie kommt es, dass du das so gut konntest?"

Der Junge antwortete: „Mein Lehrer sagte zu mir, dass ich an der Reihe sei, also nahm ich einfach an, dass alles, was mir jetzt in den Sinn käme, von Gott sei."

Das bedeutet es, die Latte tiefer zu legen! Manchmal muss mich ein Wort oder ein Gedanke sehr beeindrucken, bevor ich das Risiko eingehe und etwas weitergebe. Und hier kommt dieses Kind, das es nicht besser wusste und es so verstand, dass alles, was ihm in den Sinn käme, als es an der Reihe war, von Gott sein müsse!

Nun erzähle mir von der Herrlichkeit, Randy. Das interessiert mich am meisten, wenn die Herrlichkeit in solch einer Weise kommt.

Randy: Ich erwähnte schon kurz, dass wir in North Carolina waren, als es das erste Mal geschah; mir fällt die Stadt im Moment nicht ein. Ich predigte eine Botschaft über einen offenen Himmel und all die Phänomene, die wir in Brasilien gesehen haben. Du hast mich schon über diese Botschaft lehren gehört. Als ich einiges davon erläuterte, stand eine Frau mitten in meiner Botschaft links in der Mitte des Raumes auf und schrie: „Seht ihr das?!"

Den Menschen fielen die Unterkiefer herunter und beinahe fielen ihnen die Augen aus. Alles geschah vor den Augen meiner vier Praktikanten, die das erste Mal mit mir unterwegs waren, wie ich bereits gesagt habe. Sie haben sich regelrecht niedergeworfen.

Ich konnte nichts sehen, weil mir die Scheinwerfer direkt ins Gesicht strahlten. Also trat ich von der Bühne herunter, um etwas sehen zu können, und dort konnte ich einen lichtdurchlässigen Hitzeschleier sehen, der sich nach oben bewegte, wie man es auch an einem heißen Tag in einer Ebene sehen kann. Du kannst einerseits durch ihn hindurchsehen, aber andererseits kannst du ihn auch sehen. So sah es aus. Du konntest durch diese Herrlichkeit hindurchsehen und sie doch gleichzeitig sehen. Sie sah aus, als hätte jemand einen 20 Liter großen Eimer mit einer fein zerriebenem silbernen, goldenen, blauen, grünen und roten Substanz ausgegossen. (Ich meine Farben; ich sage nicht, dass es Metalle waren.) Und der Schleier hatte eine Strahlungsintensität, als würde Licht aus ihm herauspulsieren, und er schien sich auf verschiedenen Ebenen zu drehen.

Bill: Aber diese Erscheinung fiel nicht herab.

Randy: Sie fiel nicht auf den Boden, sondern hing in der Luft. Es war, als würde man die Milchstraße oder etwas wie eine Galaxie anschauen, aber es befand sich hier. Vorher, bei einigen Begegnungen mit Gott, fühlte ich mich so, als würde er mich durch Stromschläge fast umbringen. Deshalb ging ich sehr vorsichtig drum herum und dachte: *Ich weiß nicht, ob ich das berühren möchte oder nicht.* Aber meine Neugierde gewann die Oberhand – ich konnte einfach nicht widerstehen. So habe ich es berührt, es verursachte keine Schmerzen, versetzte mir keine Stromschläge oder tat irgendetwas anderes. Ich stellte mich mitten hinein – es war groß genug, dass ich mich hineinstellen konnte. Als ich um mich herumschaute, verlor ich plötzlich den Bezug zu allem anderen. Ich dachte: *Oh, Mann, das ist das Friedvollste, was ich je empfunden habe!* Ich war erstaunt und fragte mich, ob ich die Teilchen, die wie strahlendes Glitzerzeug aussahen, anfassen konnte. Ich versuchte ein Teilchen anzufassen, aber es bewegte sich weg und ließ nicht zu, dass ich es berührte. Dann ging mir auf: *Ich habe keine Ahnung, wie lange ich hier schon drin bin, und ich sollte ja diese Versammlung leiten.* So bin ich wieder herausgetreten und fragte mich: *Was mache ich nun?*

Im College oder Predigerseminar bringen sie einem nicht bei, wie man sich verhalten soll, wenn die Herrlichkeitswolke auftaucht. Also sagte ich: „Er ist hier, wir sollten ihn anbeten." Und ich glaube, dass dies die richtige Entscheidung war. Wir haben weitere zwanzig Minuten angebetet und dann erinnerte ich mich daran, dass, wenn seine Gegenwart unter uns ist, auch die Kraft zur Heilung da ist. Also sagte ich: „Er ist hier, seine Gegenwart ist hier, deshalb lasst uns noch einmal für Heilung beten."

Nachdem wir für Heilung gebetet hatten, zählte ich auf der Seite des Gebäudes, wo die Herrlichkeit ruhte, die zwei- bis dreifache Menge von Menschen, die geheilt worden waren, als auf der anderen Seite. Ich will nicht übertreiben, aber ich weiß, dass in der Nähe der Herrlichkeitswolke viel mehr Menschen geheilt wurden. Ein Mann, der fünfzig Jahre lang taub gewesen war, wurde auf souveräne Weise geheilt. Er war während des Koreakrieges in der Artillerie gewesen und seitdem taub. Niemand betete für ihn; er saß nur direkt vor der Herrlichkeitswolke. Plötzlich schrie er zum Pastor: „Pastor John, ich kann hören! Seit fünfzig Jahren konnte ich nicht mehr hören; deswegen schlief ich am Sonntagmorgen während deiner Predigt auch immer ein. Ich habe null Ahnung, was du predigst, ich kann dich ja nicht hören. Aber meine Ohren wurden gerade geöffnet!"

Während all dies passierte, kamen mir folgende Gedanken: *Okay, wir haben angebetet und für die Kranken gebetet – was ist als Nächstes dran?* Mein menschlicher Verstand sagte mir: *Gott kam, während ich über diese Botschaft sprach; vielleicht gefiel sie ihm ja. Ich sollte sie zu Ende predigen.* An dem Punkt, denke ich, lag ich daneben. Schon viele Male bin ich diesen Abend in meinen Gedanken durchgegangen. Es ist, wie wenn sich ein Trainer den Spielplan hinterher nochmals anschaut.

Bill: Wie wenn man die Aufzeichnung eines Fußballspiels analysiert.

Randy: Ja, genau so. Ich dachte: *Randy, den ersten beiden Wegweisungen bist du richtig gefolgt, aber beim letzten Teil hast du völlig danebengelegen!* Hiermit versuche ich nicht in falscher Weise bescheiden zu sein; ich denke ganz ehrlich, dass ich wirklich danebenlag. Denn die Wolke hob sich während meiner Predigt zur Decke hin auf. Über zwei Stunden lang hat sie das Gebäude nicht verlassen. Wie eine dünne Schicht Zigarettenrauch blieb sie über dem Bühnenbereich nahe der Decke und verweilte dort während der Predigt.

Wenn du wissen willst, was ich tun würde, wenn die Herrlichkeitswolke noch einmal käme, sage ich dir, dass ich eine andere Richtung einschlagen würde. Zum Herrn habe ich gesagt: „Wenn du mir noch eine Chance gibst, weiß ich schon, was ich beim nächsten Mal tun würde." Doch die Ironie daran ist, wenn es jetzt funktioniert, würde es dann nicht funktionieren – und doch wird es funktionieren. Das werde ich gleich noch erklären. Wenn es nochmal geschieht, würde ich veranlassen, dass wir in Anbetung gehen und darin bleiben. Die Menschen, die eine tödliche Krankheit haben, würde ich als Erstes nach vorne bitten, damit sie in die Wolke hineintreten und dort so lange bleiben, bis sie umfallen oder bis fünf Minuten vorbei sind. Dann könnten sie die Wolke verlassen und die Nächsten hineinlassen.

Als mir diese Idee kam, dachte ich: *Dann wird es klappen!* Ich glaube, dass Menschen allein dadurch geheilt werden, dass sie sich in der Herrlichkeit befinden. Nähe war der Schlüssel für einige der Heilungen, die beim ersten Mal stattgefunden haben. Nach den Todkranken könnten auch andere für ihre Heilung hineintreten. Über all das habe ich sehr lange nachgedacht, und über ein Jahr später musste ich zu mir selbst sagen: *In mancherlei Hinsicht wird das nicht so gut funktionieren, wie du meinst. Es wird nämlich so gut klappen, dass du nicht mehr wissen wirst, wie du die Veranstaltung beenden sollst.*

Es wird wie bei William Branham in Arkansas sein, als er nicht mehr die Bühne verlassen wollte. Damals hatten sie noch keine Handys, Tablets oder Smartphones. Es gab nur Mundpropaganda, wodurch die Sache bekannt wurde, und viele Menschen kamen, sodass die Menschenschlange über acht Tage kein Ende nahm. Das hat Branhams Gesundheit fast ruiniert.

Mit der heutigen Technologie würde sich solch eine Nachricht schnell ausbreiten, und zwar rasend schnell. Bevor du weißt, wie dir geschieht, kämen Menschen aus der ganzen Welt zu solch einer Veranstaltung. Dadurch erkannte ich, dass meine Ideen einerseits funktionieren würden, aber gleichzeitig auch nicht. Damit meine ich, dass es nicht nur vier Stunden lang dauern wird, und dann würde die Veranstaltung beendet werden und jeder ginge nach Hause. Es würde weitergehen, bis Gott seine Herrlichkeit auf souveräne Weise wieder aufheben würde; wir gingen nicht dann nach Hause, wann es uns passt. Wir würden sozusagen das Feuer weiter schüren. Wir könnten mehr Anbeter einladen, und wenn wir erschöpft sind, uns einfach auf den Boden legen, während in der Zwischenzeit jemand anderes das Feuer weiter schürt. Aber lasst uns nicht weggehen und das Feuer ausgehen lassen!

Bill: Für mich ist es noch immer ein Geheimnis, warum wir in solch ungewöhnlichen Momenten keine bessere Wahrnehmung haben. Letztes Jahr gab es eine Zeit, als es in der Schule einfach zu regnen anfing. Es hat tatsächlich in den Räumen geregnet. Wir hatten gerade eine Frage-und-Antwort-Zeit, und jemand fragte mich etwas über Anbetung, und da fing es an zu regnen. Erinnerst du dich daran, als dasselbe in Las Vegas in der Mitte der Bühne passierte? Paul Goulet (der Pastor der International Church von Las Vegas) hatte zumindest so viel Verstand, die Leute durch den Regen durchlaufen zu lassen, als es in seiner Gemeinde passierte. (Das geschah während ihrer jährlichen Heilig-Geist-Konferenz.) Es hat zwei oder drei Stunden lang geregnet. Und mitten auf der Bühne in unserem Gebäude fing es ebenfalls an zu regnen. Ich hatte keine Ahnung, was ich jetzt tun sollte. Ich stand einfach dumm da. Das habe ich hinterher bedauert, und ich habe immer wieder in meinen Gedanken durchgespielt, was ich das nächste Mal tun würde.

Randy: Hast du den Herrn darum gebeten: „Gib mir bitte noch eine Chance“, so wie ich es auch gemacht habe?

Bill: Ja, gib mir noch eine Chance. Ich weiß nicht, was ich tun würde, aber es wird etwas anderes sein, als nur dazustehen! Ich denke, ich habe keine Antwort ... Man kann kein Experte in etwas sein, was man vorher nie gehört oder erlebt hat. Der Herr weiß, dass ich ein Neuling bin, und er weiß auch, dass ich nicht weiß, was ich tue. Wie kann ich eine klarere Wahrnehmung in solchen Momenten bekommen?

Mir gefallen deine Gedanken über Heilung in solchen Momenten, also dass man Menschen dazu bewegt, eine Manifestation so zu verstehen, dass Gott dadurch erlösen bzw. wiederherstellen möchte. Gott zeigt sich nicht, um uns zu unterhalten. Er will immer wiederherstellen, uns sein Heil zukommen lassen.

Randy: Genau. Er zeigt sich nicht oder spricht ein Wort, um uns zu necken. Ein Wort ist ein Versprechen.

Bill: Das ist wahr. Ich möchte nicht mehr daraus machen, als es ist, doch zumindest sollten wir gleich anfangen, an Erlösung bzw. Wiederherstellung zu denken, einfach schon aufgrund dessen, wer er ist. Ich mag das; damit kann ich arbeiten. Jesus, hilf mir.

Kapitel 12

Lernen, Gottes Führung zu folgen

Bill: Wie lernen wir, besser von Gott zu hören, Randy? Welche Erfahrungen oder Erkenntnisse hattest du, durch die du besser verstanden hast, wie man ihn hört, bzw. die dir geholfen haben, seiner Führung zu folgen? Welche Art von Erfahrungen haben dein Wachstum wirklich beschleunigt?

Randy: Als ich das erste Mal Worte der Erkenntnis empfing, war ich 32 Jahre alt, Baptistenpastor und hatte in meinem Körper keine Schmerzen. Wenn ich daher ein Wort der Erkenntnis bekam, das ich in meinem Körper spürte, lag ich von Anfang an zu 90 Prozent richtig. Wenn ich einen Eindruck hatte, traf dieser vielleicht nur zu 25 Prozent zu. Nach den ersten drei Wochen etwa habe ich die Eindrücke nicht mehr beachtet. Stattdessen habe ich mich auf meine Stärke verlassen, die Worte mehr zu spüren.

Ich wollte nicht riskieren, einen Eindruck weiterzugeben, wenn ich zu 75 Prozent danebenlag, deshalb habe ich diesen Bereich nicht weiter entwickelt. Ich ging einem Eindruck einfach nie nach, besonders, wenn er sehr schwach war. Ich hatte einfach kein Vertrauen, es sei denn, ein Eindruck war sehr, sehr stark und kam immer wieder.

Als ich älter wurde und die Fünfzig überschritten hatte, habe ich etwas Neues entdeckt. Das teile ich jetzt nicht mit, um Menschen zum Lachen zu bringen – ich meine das todernst. Ich habe erkannt, dass, je älter ich werde, sich desto mehr meine eigenen Schmerzen in das einmischen können, was ich empfinde, und das kann zu Fehleinschätzungen führen. Wenn ich einen körperlichen Eindruck bekomme, fühle ich ja nicht meine eigenen Schmerzen, sondern es ist ein mitfühlender Schmerz. Ich leide nicht an der Ursache, die zu diesen Schmerzen führt. Aber je älter man wird, umso mehr Schmerzen hat man selber. In meinem Fall heißt das, dass die 90-prozentige Genauigkeit heruntergehen könnte, wenn ich Worte der Erkenntnis bekomme, die ich fühle. Angesichts dessen habe ich zum Herrn gesagt: „Herr, es tut mir leid, dass ich den anderen Bereich von Eindrücken habe verkümmern lassen. Er sollte auferweckt werden und ich sollte darin wachsen."

Als ich mich zuerst bewusst dazu entschloss, mich nach Eindrücken auszustrecken, war ich misstrauisch. Doch bat ich den Herrn darum und teilte ihm mit, ich würde ihnen folgen. Zu jenem Zeitpunkt hatte ich noch nie ein geistliches Bild als Eindruck bekommen. Mitglieder meiner ersten Gemeinde empfingen normalerweise so viele davon, dass ich erstaunt war. Ich war immer von den Seher-Propheten beeindruckt. Und Bob Jones hatte mal zu mir gesagt: „Gott möchte, dass du siehst. Du siehst bereits. Ein Eindruck bedeutet, zu sehen, wahrzunehmen."

Auch Ruth Heflin hatte gesagt: „Gott möchte, dass du siehst." Immer wieder habe ich Prophetien von Ruth Heflin diesbezüglich bekommen: „Gott, möchte, dass du siehst."

Bei einem der ersten Male, als ich ein geistliches Bild als Eindruck bekam, war ich in Joseph Garlingtons Gemeinde in Pittsburgh. Ich spürte einen Schmerz und hatte den Eindruck, dass er von einem Unfall herrührte. Das hätte ich einfach sagen können, denn ich glaube, je mehr Informationen man hat, desto mehr Glauben erzeugt dies. Ich hätte den Leuten sogar genau sagen können, welcher Wirbel in Mitleidenschaft gezogen wurde, wo er lag und wie sich der Schmerz anfühlte. Das ist ganz anders, als bloß zu sagen: „Du hast Rückenschmerzen." Ich kann dir mehr Einzelheiten über den Schmerz nennen, zum Beispiel, wo er sitzt und wie er sich anfühlt, da Schmerzen ganz unterschiedlich sind.

Dann habe ich den Eindruck empfangen, dass dieser Schmerz die Folge eines Autounfalls war. Dieses Wort hatte ich bereits vor dem Gottesdienst empfangen und aufgeschrieben – wo genau es am Rücken war, damit ich mich später daran erinnern würde, wie es sich anfühlte und dass ein Unfall die Ursache davon war. Tatsächlich schrieb ich auf „womöglich ein Unfall" und habe dies mit einer gepunkteten Linie umrahmt. Auf diese Weise lehre ich mich selbst. Ich kreiste es ein und setzte ein Fragezeichen außerhalb des Kreises. Dann, für den Bruchteil einer Sekunde, sah ich einen grünen Jeep Cherokee, der nicht beschädigt war. Ich habe ihn einfach vor mir gesehen. Also zog ich eine weitere Linie von meiner ersten Notiz aus und schrieb „grüner Jeep Cherokee" in einen Kreis mit einem weiteren Fragezeichen dazu.

In meinem Denkprozess fange ich normalerweise dort an, wo ich gerade stehe, also entschloss ich mich so zu beginnen: „Ich glaube, hier ist jemand, der ein Problem mit einem Wirbel hat." Erst danach habe ich gesagt: „als Folge eines Unfalls". Wenn das zutraf, wollte ich das Risiko eingehen und sagen: „Ich glaube, du hast einen grünen Jeep Cherokee gefahren." Aber der Eindruck war so subtil und blitzartig, eben nur den Bruchteil einer Sekunde lang. Also betete ich: „Herr, zuvor hätte ich nicht geglaubt, dass dies von dir sein könnte, aber ich werde von jetzt an auch auf die eher subtilen Eindrücke achten."

Also stand ich auf und verkündete: „Ich glaube, jemand hier hatte einen Unfall", habe dann auf meinen Rücken gezeigt und ihnen beschrieben, wie es sich anfühlte. Ich fügte noch hinzu: „Der Schmerz stammt von einem Autounfall."

Plötzlich springt ein Mann auf und ruft: „Das ist meine Tochter!" (Ich glaube, er sagte seine Tochter, vielleicht auch seine Nichte.) Er erzählte weiter: „Sie wurde vor Kurzem verletzt. Sie wurde in einen Autounfall verwickelt und fuhr einen grünen Jeep Cherokee."

Ich nahm meinen Zettel, stieg von der Bühne herunter und zeigte dem Mann die Notiz: „Schauen Sie mal! Als Nächstes hätte ich grüner Jeep Cherokee gesagt."

Somit hatte ich wirklich etwas gehört und habe dabei gelernt. Sogar dadurch, dass ich es aufgeschrieben habe – auch wenn ich nicht dazu kam, es zu sagen –, habe ich gelernt. Und ich dachte: *Oh, es wäre so viel besser gewesen, wenn ich alles gesagt hätte, um den Glauben stärker aufzubauen.* Aber das Mädchen wurde trotzdem geheilt.

Das innere Bild, das ich gesehen habe und das meinen Glauben wirklich gestärkt hat, hatte ich im Süden von Mozambique, als ich dort mit Heidi Baker zusammen diente. Heidi hatte gerade gepredigt und viele Menschen lagen auf dem Boden auf ihrem Angesicht und suchten Gott. Ich schaute mich nach einem Platz um, wo ich mich hinlegen konnte, aber es gab keinen. Der gesamte Boden war mit Menschen bedeckt. Ich dachte, wenn ich mich nicht hinlegen kann, lehn ich mich eben an die Wand, was ich auch tat. Ich war am Beten, denn es war meine erste Reise nach Mozambique. Vorher war ich um die halbe Welt gereist, und meine erste Erfahrung war ziemlich schlecht. Irgendwie bekam ich keinen Zugang zu den Menschen. Ich erzähle gerne Geschichten, aber ich merkte, dass ich viele meiner liebsten Illustrationen nicht nutzen konnte. Man kann zum Beispiel nichts gebrauchen, was mit Elektrizität zu tun hat, weil man dort keine modernen Geräte hat und die Leute nichts mit solchen Geschichten anfangen können. Daher war ich am Kämpfen, wie ich einen Zugang zu ihnen finden könnte.

Das ist nun ungefähr zehn Jahre her, aber ich kann mich noch so deutlich daran erinnern, als sei es gestern gewesen. Ich betete: „Herr, ich bin nicht um die halbe Welt gereist, um eine Lehre weiterzugeben. Diese Menschen können in ihrer eigenen Sprache predigen. Sie können sich auch selber lehren; sie verstehen ihre Kultur. Sie können hier besser predigen und lehren als ich. Ich bin also nicht hierhergekommen, um zu lehren; ich bin hierhergekommen, um weiterzugeben, was *du* weitergeben möchtest. Und ich hatte Glauben für Gabenübertragung durch Handauflegung. Ich wusste, dass Gott mich gebrauchen wollte, um andere zuzurüsten.

Dennoch war alles sehr einschüchternd. Meine drei Dolmetscher, die in drei verschiedenen Sprachen übersetzten, hatten alle schon Tote auferweckt! Ich dachte: *Wozu bin ich überhaupt hier, wenn alle meine Übersetzer schon selber Tote auferweckt haben?* Aber während ich an der Mauer lehnte, betete ich: „Herr, ich brauche ein Wort von dir. Herr, ich möchte etwas sehen, lass mich etwas sehen. Gott, andere haben schon über mir ausgesprochen, dass ich sehen soll, aber ich sehe nicht. Warum kann ich nicht sehen? *Gott, ich möchte sehen."*

Plötzlich hatte ich diesen blitzschnellen Eindruck – da war er schon wieder vorbei. Ich dachte: *Meine Güte, was war das denn?*

Bill: Wolltest du, dass Gott es wieder zurückbringt?

Randy: *Bitte*, bringe es wieder zurück! Es war nicht so wie eine offene Vision, die einige unserer Freunde bekommen – auch das kann dich einschüchtern, wenn deine Freunde offene Visionen bekommen. Ich empfand meinen Eindruck im Vergleich dazu so schwach. Somit war diese Erfahrung eine große Lektion für mich. Gott hat ihn nicht zurückgebracht, doch in diesem Sekundenbruchteil meine ich, dass ich Menschen auf einem Berg stehen sah, wo sie Gott fragten, ob sie in eine neue Region gehen und diese für das Evangelium erschließen sollten. Sie wollten wissen, ob sie dort hingehen könnten. Sie befanden sich auf einem Berg, als das geschah.

Der Eindruck hat sich etwas für mich „entpackt", wie man eine komprimierte Datei auf dem Computer entpackt. Im Verhältnis zu dem sehr kurzen Eindruck war es sehr viel Information. Aber er war so schwach, dass ich nicht wusste, ob es Gott war. Ich möchte das Wort nicht überstrapazieren, aber der Eindruck war so schwach! Ich war mir nicht im Klaren, was ich da gesehen hatte, und auf der Reise dorthin war ich so sehr ins Gespräch vertieft, dass ich noch nicht einmal darauf geachtet habe, ob es in der Gegend Berge *gab*. Während wir im Landeanflug waren, schaute ich mich nicht um, Heidi und ich unterhielten uns ja.

Der Eindruck war in einer Versammlung direkt nach Heidis Predigt gekommen, während wir uns noch in einer Zeit der Anbetung befanden. Während der darauffolgenden Pause für das Abendessen ging Pastor Surprise „Supressa" Sithole mit mir zu meinem ersten Interview mit jemandem. Supressa ist sehr prophetisch; Rolland Baker sagte, Supressa sei der prophetischste Typ, den er je gesehen habe. Dieser Mann empfängt offene Visionen wie Filme, und er hat Tote auferweckt! Jedenfalls habe ich ihn gefragt: „Supressa, du bekommst doch Visionen?

„Ja, ich empfange Visionen", antwortete er.

„Wenn du eine Vision bekämest, und ich stünde vor dir, könntest du mich dann noch sehen oder würdest du nur die Vision sehen?", fragte ich.

Er sagte: „Ich könnte dich nicht sehen, ich würde nur die Vision sehen, weil es eine offene Vision wäre."

„Das habe ich mir gedacht. Mir war klar, dass du solche Dinge empfängst", erwiderte ich. Dann fügte ich hinzu: „Supressa, ich denke, ich habe vielleicht etwas gesehen." Ich erzählte ihm, was es war, und er sagte kein einziges Wort dazu. Also bin ich weitergegangen, um Johnny zu interviewen, der eine Frau von den Toten auferweckt hatte. Als wir zurückkamen, war ich mit Predigen an der Reihe. Am Ende des Treffens sagte ich: „Ich muss wissen, ob das Folgende von Gott war oder nicht", und gab meinen Eindruck weiter. Dabei habe ich ihn ein bisschen abgemildert. Eigentlich hätte ich Folgendes sagen sollen: „Wenn du auf einem Berg gestanden bist, eine Region überblickt und Gott gefragt hast: ‚Kann ich dort hingehen und Gemeinden gründen?', dann möchte ich, dass du nach vorne kommst. Ich möchte für dich beten, denn die Antwort lautet Ja." Aber ich habe nicht nur das gesagt; ich fügte noch hinzu: „Vielleicht hast du es auch geträumt." Ich habe es ein bisschen ausgeweitet, was ich nicht hätte tun sollen.

Als Nächstes war ich völlig überwältigt! Selbst Supressa weinte und zitterte. „Warum hast du denn vorhin nichts gesagt, als ich es dir erzählt habe?", fragte ich ihn.

„Ich war völlig fassungslos!", erzählte er mir. Er hatte Gott auf einem Berg in Bezug auf eine bestimmte Gegend gefragt, ob er dort hineingehen könne.

Auch zwei andere Männer waren auf einem Berg gewesen. Diese hatten Gott darum gebeten, er solle Aufseher senden, die erfahrener und tiefer im Glauben gegründet sind als sie. Während sie dort auf dem Berg waren, bekamen sie eine Vision, die ihnen zeigte, dass sie diese Aufseher in der Stadt Chimoio finden würden. Auch sahen sie ein Gebäude, über das ein Feuerball flog. Es befand sich etwa einen halben Tagesmarsch entfernt, dennoch sahen sie dort zweitausend Menschen und wie Feuer auf ihre Köpfe fiel. Am nächsten Tag waren sie zu Heidi gekommen, um ihr alles zu erzählen, und an diesem Abend kamen sie ebenfalls nach vorne, um Gebet zu empfangen. (Rolland und Heidi wurden die Aufseher, auf die in der Vision hingewiesen wurde.) Dann halfen diese Männer, den Weg zu bereiten, um in dieses Gebiet vorzudringen.

Zusätzlich zu all dem war auch ein Mann namens William von „New Missions" auf einem Berg gewesen und hatte Gott um Wegweisung gebeten, und auch für ihn war es eine Bestätigung. (Er war gerade zum Leiter über „New Missions" ernannt worden, die Missionserweiterung zu „Iris Ministries", dem Dienst der Bakers.) Somit wurden diese vier Leute tief von meinem Eindruck berührt.

Später sagte ich zu Supressa: „Das verstehe ich nicht – es war eine der kraftvollsten Zurüstungen in diesen Versammlungen. Heidi hatte schon seit zwei Monaten dafür gebetet, dass Gott ihr doch zeigen möge, wen sie in die beiden Provinzen Nampula und Cabo Delgado senden könne." Und auch zu Heidi habe ich gesagt: „Das verstehe ich einfach nicht, der Eindruck war so schwach."

Danach sprach Supressa mit mir und sagte: „Randy, was benötigt am meisten Glauben, wenn es ums Aussprechen geht? Wenn du eine offene Vision oder wenn du ein sehr schwaches geistliches Bild hast?"

„Ich glaube, es braucht mehr Glauben, den schwächeren Eindruck auszusprechen", antwortete ich.

„Beurteile die Stärke eines Wortes nicht anhand dessen, auf welche Weise du es empfängst", sagte er. „Manchmal kann das, was sehr schwach erscheint, sehr kraftvoll sein."

Danach erschien mein Eindruck auf der Webseite der Toronto-Gemeinde (www.ctftoronto.com) unter dem Titel „Die Bergvision". Als ich ihn jedoch bekommen habe, dachte ich eher: *Ich glaube, ich habe eventuell etwas gesehen.* Und wie schon erwähnt, erzählte ich den Menschen sogar: „Vielleicht hast du es geträumt" – ich habe es abgeschwächt. Trotzdem hat Gott es geehrt. Das war wirklich ein Durchbruch für mich. Dadurch habe ich so viel gelernt. Vorher trug ich die Einstellung in mir, die mächtigeren Dinge seien eher so etwas wie offene Visionen. Doch ich musste lernen, dass dies nicht immer stimmt.

Bill: Folgendes sticht für mich heraus. Man liest über William Branham und einige dieser Leute mit offenen Visionen. Das sind souveräne, aber angenehme Eingriffe Gottes in ihr Leben. Was aber dich angeht: Was hat dein Hunger nach mehr mit deiner Erfahrung zu tun? Es kommt dir ja nicht wie ein starkes Eingreifen Gottes vor, obwohl er dazu durchaus in der Lage wäre. Aber manchmal ist es so, als würde Gott unsere Augen auf etwas richten, damit wir es erforschen und daraus lernen. Kannst du mir diesen Zusammenhang näher erklären?

Randy: Ja, da gibt es einen Zusammenhang. Gerade denke ich daran, wie du über die Heilungen in Bezug auf Metallteile im Körper gesprochen hast und ich daraufhin dachte: *Das will ich auch haben.* Ich möchte in diesen Bereich, in dem Metallteile verschwinden, auch hineingehen. Doch hatte ich kein Wort der Erkenntnis. Alles, was ich hatte, war dein Zeugnis und ein Verlangen, in diesen Bereich hineinzugehen. Diese beiden Dinge haben mich gelenkt, und es geschah. Bei meinem Verlangen, schöpferische Wunder zu sehen, war mein Hunger so stark, dass ich ins Fasten hineingeführt wurde. Dann erlebten wir in diesem Bereich einen Durchbruch. Das Verlangen, einen Durchbruch bei psychischen Erkrankungen zu sehen, kam ähnlich. Es geschah nicht durch ein Zeugnis Jesu, es geschah nicht durch Fasten. Ich habe dem Herrn immer gesagt: „Herr, ich weiß, dass ich dich durch Fasten zu nichts zwingen kann, auch sammle ich dadurch keine Pluspunkte. Es soll mir einfach dabei helfen, mich richtig zu fokussieren. Ich sage von Herzen: *Ich möchte, dass dies mein Gebet ausrichtet und meine Stärke für einen Durchbruch in diesem Bereich bündelt.*" Ich habe sogar gebetet: „Gott, dein Wort sagt ... Indem ich mich auf deine Verheißungen berufe, glaube ich, dass du uns in diesen Bereich hineinführen möchtest." Auf diese Art und Weise sind viele Durchbrüche geschehen: Ich hatte das Verlangen zu wachsen und richtete meine Aufmerksamkeit darauf, wie das geschehen könnte, selbst in Bereichen, in denen Gott nicht so „laut" am Wirken ist.

Das Verlangen zu wachsen veranlasste mich schon ganz früh dazu, in andere Länder zu reisen. Zum Beispiel wusste ich, dass ich in Lateinamerika sehr wachsen würde, und als ich von dort zurückkehrte, war mein Glaubenslevel so viel höher als vorher. Deshalb sorgte ich zumindest in den Anfangsjahren absichtlich dafür, dass ich dort einige Male pro Jahr hinflog und somit an einem Ort war, wo das passierte. Inzwischen fliege ich viel häufiger.

Bill: Es scheint mir, frei heraus gesprochen, dass die souveränen Ereignisse am begeisterndsten sind, also wenn Gott selbst sich einem einfach „aufzwingt". Doch meine ich, dass dieses in andere Bereiche Hineindrängen etwas ist, was ihm noch mehr Ehre bereitet. So empfinde ich es jedenfalls. Es heißt ja auch, wir sollten uns eifrig um die geistlichen Gaben bemühen (vgl. 1 Kor 14,1). Es ist so, dass diese Bereiche für uns da sind, aber es ist nötig, dass wir sie anerkennen, wertschätzen und hinter ihnen her sein müssen. Ich weiß, dass du einige souveräne Erfahrungen hattest, in denen Gott sich einfach gezeigt hat. Aber während all der Jahre, in denen ich dich schon kenne und beobachtet habe, hat vieles doch damit zu tun, dass du immer wieder an der Tür angeklopft hast. Du sagst dann: „Ich werde dieses Zeugnis als Sprungbrett in etwas Neues hinein gebrauchen."

Wenn ich das so bei dir sehe, schöpfe ich große Hoffnung, dass auch ich in diese Bereiche eindringen kann, denn auch ich kann die Tür „einschlagen". Ich habe noch nie solch großartige Begegnungen oder Erfahrungen gehabt, deshalb habe auch ich mich so herabgewürdigt wie du und immer geglaubt, ich müsse eine Vision von Gott oder etwas in der Größenordnung haben.

Kapitel 13

Spektakuläre Geschichten

Bill: Berichte uns nun die vier bis fünf größten Wunder, die du je erlebt hast, Randy.

Randy: Dieses ist eins der größten, und es ist erst vor einigen Wochen geschehen, als ich in Brasilien war. Ein junger Mann um die zwanzig hatte ein Aneurysma.[1] Als er operiert wurde, ist einiges schiefgelaufen. Ich weiß nicht, was während der Operation nicht geklappt hat, ob ein Blutgefäß geplatzt ist oder was genau es war. Aber anschließend hatte er 90 Prozent seines Hörvermögens verloren und seine linke Seite war gelähmt. Zuerst fiel es mir gar nicht auf, dass sein linker Arm herunterhing und sich nicht bewegte. Ich berührte seinen Arm und fragte ihn: „Stimmt etwas mit deinem Arm nicht?"

Er antwortete: „Ich bin gelähmt." Und er hob seinen Arm hoch und sagte: „Ich kann ihn hochheben und so halten, aber nach kurzer Zeit fällt er wieder herunter." Auch schleifte er sein linkes Bein hinter sich her.

---

[1] Das Aneurysma (...), auch Arterienerweiterung oder umgangssprachlich Arterielle Aussackung genannt, ist eine spindel- oder sackförmige, lokalisierte, permanente Erweiterung des Querschnitts von Blutgefäßen infolge angeborener oder erworbener Wandveränderungen (Wikipedia).

Wir fingen an für ihn zu beten, aber nichts passierte. Ich betete Segen auf ihn herab und fing an, ihn zu befragen: „Spürst du irgendetwas?"

Er sagte: „Ja."

„Wo?"

„In meinem Arm."

Also begann ich für seinen Arm zu beten und fragte ihn: „Was passiert jetzt?"

„Er tut weh."

„Was meinst du damit? Wo tut er weh?"

Er sagte: „Dort, wo der Bizepsmuskel mit meinem Ellenbogen verbunden ist."

Bis dahin versuchte ich einfach nur treu im Gebet zu verharren: *Gott, du weißt, was er braucht.* Aber ich hatte keinen starken Glauben, dass er geheilt werden würde. Ich hoffte es zwar und erwartete, dass es geschehen könnte; ich betete dafür und ich wollte es. Doch es war keinesfalls so, dass ich eine Gabe des Glaubens für das Anliegen hatte. Früher an jenem Abend jedoch hatte ich ein Wort der Erkenntnis weitergegeben, weil ich dort beträchtliche Schmerzen hatte, wo der Bizepsmuskel mit dem Ellenbogen verbunden ist. Sobald er mir also mitteilte, wo der Schmerz war, sagte ich ihm: „Du wirst geheilt werden!"

Also habe ich weitergebetet, und man konnte die Hitze auf ihm spüren. Seine Hand war wegen der schlechten Durchblutung kalt, und selbst sein linkes Bein fühlte sich durch den Stoff des Hosenbeines kalt an.

„Hitze fließt meinen Arm hinunter", sagte er.

Wir haben weiter für ihn gebetet und ihn gesegnet, und um es abzukürzen: Am Ende des Abends hatte er sein Hörvermögen zurückerlangt. Er konnte mich aus 30 Metern Entfernung sprechen hören. Auch konnte er am Ende des Abends seinen Arm wieder uneingeschränkt bewegen und normal gehen. Das war eine gewaltige Heilung.

Bei einer anderen großen Heilung ging es um eine Frau aus Odessa in der Ukraine. Es war eines der ersten und wenigen Male, bei denen ich ein geistliches Bild hatte. Ich sah einen Traktor, der etwas Sichelartiges hinter sich herzog, das Gras schnitt. Ich bin auf einer Farm aufgewachsen und sollte eigentlich wissen, wie solche

Maschinen heißen! Das Schneidewerkzeug war hochgezogen, damit die Maschine auf der Straße fahren konnte. In dem geistlichen Bild sah ich zwar wieder nur für einen Sekundenbruchteil, aber doch klar, dass das Messer herunterfiel. Dem Fahrer fiel nicht auf, dass es heruntergefallen war. Als er um eine Kurve fuhr, schnitt dieses Messer in beide Kniekehlen einer Person und trennte ihr fast die Beine ab. (Ich wusste nicht, ob es ein Mann oder eine Frau war.) Die Beine waren nicht ganz durchtrennt, doch die Verwundung war sehr schwer.

Als ich das Bild sah, dachte ich: *Ach, Herr, ich wünschte, ich wäre gerade auf dem Land, wo es Bauernhöfe gibt, das wäre viel besser.* Ich konnte mir nicht vorstellen, dass dieses Bild auf jemanden in einer Großstadt zutreffen könnte. So habe ich das Wort bis zum Schluss aufbewahrt, weil ich eines in dieser Art noch nie empfangen hatte. Ich hatte keine Ahnung, ob es von Gott war oder nicht. Ich sprach es daher erst kurz vor Ende des Gottesdienstes aus, und in dem Moment, als ich es tat, hatte ich noch nicht einmal mehr Zeit zu beten, als schon eine Frau hinten im Raum reagierte. Sie war über sechzig, aber hatte sich die Verletzung bereits als Jugendliche zugezogen, und zwar genau so, wie ich es beschrieben hatte. Sie war am Straßenrand in einer ländlichen Gegend entlanggegangen, als ein Traktor vorbeifuhr, von dem das Schneidewerkzeug heruntergefallen war und in ihre Knie schnitt. Es durchtrennte ihre Sehnen und sogar fast ihre Beine. Seitdem ist sie nicht mehr in der Lage gewesen, normal zu gehen. Treppen musste sie sogar rückwärts mit steifen Beinen hochgehen, weil sie nicht mehr dazu fähig war, ihre Knie zu beugen. Ihre Beine wurden sofort geheilt. Es war ein augenblickliches schöpferisches Wunder. Das war eines der großartigsten Wunder, die ich je gesehen habe. (Sie konnte wieder normal gehen und Treppen steigen.)

Bill: Hat jemand für sie gebetet oder wurde das Wunder allein durch das Wort bewirkt?

Randy: Nein, überhaupt kein Gebet. Sie wurde auf der Stelle geheilt.

In derselben Gemeinde, in derselben Veranstaltung hat noch ein weiteres schöpferisches Wunder stattgefunden. Ich habe für einen 14-jährigen Jungen gebetet, der auf seinem linken Ohr völlig taub war. Unsere Teams sehen über das gesamte Jahr verteilt, wie sich ungefähr 200-mal taube Ohren öffnen und wie etwa genau so oft blinde Augen sehend werden. Davon bete ich vielleicht für eine Handvoll, aber meistens ist es das Team, oder manchmal einfach ein Wort der Erkenntnis.

An jenem Abend war ich es jedoch, der für diesen Jungen gebetet hat, und er wurde geheilt. Seine Mutter weinte, so begeistert war sie. Ich war dankbar, aber nicht über die Maßen begeistert, weil wir schon viele Heilungen von Taubheit erlebt haben. Ich bin nicht herumgesprungen oder herumgewirbelt oder so etwas in der Art. Doch ich habe zu ihr gesagt: „Wow, das ist spitze! Dein Junge wurde geheilt."

Daraufhin antwortete sie: „Nein, du verstehst nicht! Er hat gar keinen Hörnerv mehr. Als er hohes Fieber hatte, wurde sein Nerv zerstört. Sowohl hier als auch in Venedig habe ich ihn zu einem Ohrenspezialisten gebracht. Beide haben bestätigt, dass er keinen Hörnerv mehr hatte!"

Somit war auch dies ein schöpferisches Wunder, eines der ersten, die ich gesehen habe. Gott hat für diesen Jungen einen neuen Hörnerv geschaffen.

Dies waren die Heilungen, die mir gerade eingefallen sind, aber so viele andere wunderbare Dinge sind noch geschehen!

Bill: Wie war das noch bei dem Mann, der von der Schulter ab seinen Körper nicht mehr bewegen konnte? Er hatte überhaupt keinen Glauben, es waren seine Söhne, die ihn nach vorne brachten.

Randy: Er hatte überhaupt keinen Glauben und wurde dennoch geheilt. Wir zeigen diese Heilung nicht mehr, denn als wir in diesem Jahr zurückkamen, fanden wir heraus, dass seine Heilung nur drei bis vier Monate angehalten hatte. Dann war die MS wieder zurückgekehrt, und seitdem konnte er nichts mehr außer seine Augen bewegen. Aber einer meiner Vorstandsmitglieder stellte ein Team zusammen und sie fuhren zu diesem Mann hin, um noch einmal für ihn zu beten. Einer seiner Söhne war so entmutigt; er wollte nicht noch einmal so eine Achterbahnfahrt mit seinem Vater durchmachen. Doch der Zustand seines Vaters war furchtbar;

er konnte nichts mehr außer seine Augen bewegen. Das Team hat über eine Stunde für ihn gebetet, woraufhin er seine Füße wieder vom Bett heben konnte. Dazu würde ich auch sagen, dass es eines der größten Wunder war; darin war ich aber nicht involviert, sondern eines meiner Teams.

Ein weiteres der größten Wunder, die wir gesehen haben, geschah ebenfalls durch eines meiner Teams. An jenem Abend, als es geschah, wurde eine blinde Frau durch mein Gebet wieder sehend, aber die Geschichte des Teams ist noch besser. Bei diesem blinden Mann war nur noch schlimm vernarbtes weißes Gewebe, wo vorher seine Hornhaut und seine Pupillen gewesen waren. Als er noch ein Junge war, war Säure in seine Augen geraten und hatte diese Teile seiner Augen völlig weggeätzt. Eine Frau aus unserem Team fühlte sich geleitet, für ihn zu beten. Der Gottesdienst dauerte fünf Stunden, und sie hatte die ganze Zeit für diesen einen Mann gebetet. Dabei hat er überhaupt nichts gespürt; es gab nicht das kleinste Anzeichen, dass irgendetwas passierte. Das musste wirklich eine Gabe Gottes gewesen sein, dass jene Frau die Erkenntnis hatte, für ihn weiterzubeten. Sie verließ den Gottesdienst, ohne eine Ahnung zu haben, ob etwas passiert war.

Am nächsten Tag gab es noch keinerlei Veränderung in den Augen des Mannes, auch am darauffolgenden Tag war nichts anders. An diesem Tag ging er blind zu Bett, aber als er am folgenden Morgen aufwachte, nachdem wir schon abgereist waren, hatte er kein vernarbtes Gewebe mehr, sondern völlig neue Augen und vollkommene Sehkraft! Die Ärzte konnten es nicht fassen, weil seine Krankengeschichte in ihren Unterlagen aufgezeichnet war.

Der Pastor seiner Gemeinde, in der wir waren, rief uns an und sagte: „Dies ist das größte Wunder in der Geschichte dieser Stadt. Die Beweise sind vorhanden."

Die Ärzte haben uns sogar zwei- oder dreimal angerufen, um eine Erklärung zu erhalten: „Erzählen Sie uns noch einmal, wie es möglich ist, dass er wieder sehen kann", sagten sie jedes Mal.

Ich würde sagen, dies war auch eines der größten Wunder, die wir gesehen haben. Gerade überlege ich, ob mir noch andere schöpferische Wunder einfallen. Ich habe drei im Kopf. Aber lass mich von dem einen Wunder erzählen, das sich ganz zu Beginn der Erneuerung ereignete, das zwar nicht das größte war, aber mich tief berührt hat. Eine junge Frau, damals noch nicht einmal zwanzig Jahre alt, lag im Krankenhaus im Sterben. Sie war Tänzerin, und eine Frau in Manaus in Brasilien meinte den Herrn zu sich sagen zu hören: *Bring ihr ihre Tanzkleidung.*

Die junge Frau hatte eine seltene Krankheit, die überall am Körper wunde Stellen erzeugt, und sie lag auf der Intensivstation. Man kann dort nicht ohne Weiteres hineingehen, um die Patienten zu besuchen; sie sind dort wie unter Quarantäne. Diese brasilianische Frau musste einen Mundschutz anziehen und alles Mögliche tun, bevor sie das Zimmer betreten durfte. Sie meinte den Herrn sagen zu hören: *Nimm die Tanzkleidung der jungen Frau mit zu Randy und lass ihn darüber beten. Dann bring die Tanzkleidung zu ihr, man soll sie ihr anziehen, und ich werde sie heilen.*

Ich habe über der Tanzkleidung gebetet und dann nicht mehr daran gedacht. Ich habe mich nicht mehr daran erinnert. Später kam diese Frau in einer anderen Stadt auf mich zu und erzählte mir die Geschichte. Sie sagte: „Die dort drüben tanzt, das ist das Mädchen. In dem Augenblick, als wir ihr die Tanzkleidung anzogen, wurde sie geheilt und kam wieder zu Kräften. Ihre Krankheit wurde in dem Moment abgetötet."

Die nächste Geschichte über Susi Starr kennst du. Im März diesen Jahres lag sie im Hospiz im Sterben. Ihr vegetatives Nervensystem war am Versagen und sie verlor mehrmals am Tag das Bewusstsein. Sie nahm 45 Tabletten am Tag und hatte zehn- bis fünfzehnmal Durchfall. Sie konnte fast nichts essen. Irgendwie hatte sie meinen Namen gehört, während sie sich gerade mal wieder von einer Operation erholte. (Tatsächlich sagt Susan, dass Gott ihr meinen Namen sogar schon gab, bevor sie nach der Operation wieder aufwachte!) Sie dachte: *Er ist derjenige, der für mich beten muss.* Also kam sie zu unserer Versammlung, wo letztendlich Rodney Hogue für sie betete und sie auf der Stelle völlig geheilt wurde. Es gab so vieles, was bei ihr nicht in Ordnung war, so viele Körperfunktionen waren außer Kraft gesetzt. Es war ein erstaunliches Wunder.

Eine Geschichte noch: Damals in der Baptistengemeinde im Jahre 1984, als ich 32 Jahre alt war, suchte ich Gott. Ich war es so leid zu beten: „Herr, lenke die Hand des Chirurgen." Ich dachte: *Es muss einfach mehr als das geben.* Dann kam eine junge Frau namens Tammy Ferguson nach vorne, um Gebet für Heilung zu empfangen. John Gordon und ich beteten für sie, und ihr Schielen wurde geheilt. Doch erst am nächsten Abend erfuhren wir, dass sie einen offenen Rücken (Spina bifida) und keine Kontrolle über ihre Blase hatte. Sie hatte auch einen Wasserkopf und bereits zwölf Operationen durchlaufen, um sich Shunts[2] legen zu lassen. Dies war unsere erste wirkliche Heilung: Innerhalb von zwölf bis vierundzwanzig Stunden, nachdem wir die Salbung empfangen hatten, wurde ihr offener Rücken geheilt, erlangte sie wieder Kontrolle über ihre Blase zurück und aus dem Gehirn trat Flüssigkeit in ihre Wirbelsäule. Das war bei ihr vorher nie der Fall gewesen. Von dem Zeitpunkt an benötigte sie keine weitere Operation mehr. Auch das war eine erstaunliche Heilungsgeschichte. All das hat uns sehr ermutigt.

Bill: Es ist verblüffend für mich, dass der Herr nicht unbedingt mit einer einfachen Erkältung beginnt, wenn man anfängt, Wunder zu sehen. Tatsächlich habe ich vor Kurzem Leuten erzählt, dass ich öfter erlebt habe, dass Krebs geheilt wurde als Erkältungen. Es ist nicht so, dass du dich von leichten Krankheiten zu schweren steigerst. Im Bereich von Heilung kann der Herr bei dir mit sehr schweren Krankheiten anfangen. Das erlebe ich oft.

Randy: Das stimmt. Es erinnert mich daran, dass wir vor Kurzem erlebt haben, wie einige Menschen von Krebs im Endstadium geheilt wurden. Die Ärzte hatten sie bereits aufgeschnitten, wieder zugenäht und gesagt, es gäbe keine Hoffnung. Sie haben ihnen weniger als einen Monat gegeben. Und gerade erst im letzten Jahr wurden acht bis zehn Menschen im Endstadium von Krebs geheilt.

---

[2] Als Shunt (Aussprache: [ʃʌnt]) wird in der Medizin eine Kurzschlussverbindung mit Flüssigkeitsübertritt zwischen normalerweise getrennten Gefäßen oder Hohlräumen bezeichnet. Dieser kann natürlich vorkommen (z. B. im Rahmen von Fehlbildungen wie arteriovenösen Malformationen) oder auch im Rahmen einer medizinischen Maßnahme künstlich angelegt werden (Wikipedia).

Hier noch etwas Großartiges: Ein Mann aus North Carolina war errettet worden. Er war ein ehemaliger Alkoholiker, der aber noch nicht ganz frei war. Seine Frau war Krankenschwester und mit uns nach Brasilien gekommen, wo sie viele Heilungen gesehen hatte, also wollte er jetzt auch mit auf eine Reise kommen. Über zwei Jahre am Stück war er völlig frei von Alkohol und nüchtern gewesen – bis unmittelbar vor der Reise, auf die er mitkommen wollte. Er hat sich betrunken und damit selbst ausgeschlossen. Er kam nicht mit. Im dritten Jahr hat er es dann endlich geschafft, mit auf die Reise zu kommen. Er war ein Bauunternehmer und hatte vorher noch nie für jemanden gebetet. Aber er kam mit, weil er für Kranke beten und erleben wollte, wie jemand geheilt wird.

Was dann geschah, ereignete sich spät abends, nachdem wir angekommen waren. Der Mann hatte zwei Tage nicht geschlafen, weil er einen Flug verpasst hatte und die ganze Nacht auf einem Flughafen verbringen musste. Es war schon fast Mitternacht und er war müde, doch ich kündigte an: „Jetzt wird das Team beten."

Der Mann sprach folgendes Gebet: „Herr, du weißt, ich habe noch nie in meinem Leben für jemanden gebetet. Noch nie habe ich gesehen, wie jemand geheilt wurde. Ich habe auch noch nie für Heilung gebetet, es ist also mein allererstes Mal. Bring mir einen leichten Fall: Kopf- oder Bauchschmerzen."

Er schaute umher, und da kam dieser junge Mann in einem Rollstuhl auf ihn zugefahren. Unser Mann sagte: „Oh nein, Gott, doch nicht so etwas! Herr, ich brauche einen leichten Fall. Kopf- oder Bauchschmerzen!" Doch der Mann rollte direkt auf ihn zu und zog an seinem Hosenbein.

„Ich fing an zu beten", erzählte er uns später. „Ich hatte ja eure Unterlagen gelesen, wie man für jemanden betet. Also stellte ich dem Mann Fragen, aber es geschah nichts. Mein kleines bisschen Glauben war damit verschwunden – ich wusste, dass nichts passieren würde. Doch dann erinnerte ich mich an deine Worte, dass du uns nicht zur Verantwortung ziehst, ob Heilungen geschehen, weil Gott ja heilt. Aber du ziehst uns zur Verantwortung, ob wir lieben. Dann empfand ich etwas wie: *Ich habe ja erst sehr kurze Zeit für ihn gebetet. Wenn ich jetzt schon wegginge, würde er sich abgelehnt und nicht geliebt fühlen. Also werde ich länger für ihn beten, nicht im Glauben, dass Gott ihn heilen wird, sondern einfach deshalb, dass er sich geliebt weiß.*

Während er hinter dem Rollstuhl stand, hatte er eine Hand auf die Brust des Mannes und die andere Hand auf seinen Rücken gelegt. Als er hinter ihm stand und betete, wurde er immer müder. Er erzählte: „Je länger ich betete, umso mehr sank mein Kopf auf seine Schulter. Fast hätte ich angefangen zu schnarchen, als dieser Mann plötzlich aus seinem Rollstuhl sprang, mich umarmte und meine Schulter nassweinte!"

Das Erstaunliche an der ganzen Angelegenheit war, warum der junge Mann im Rollstuhl saß. Als unser Mann ihn befragte, fand er heraus, dass der 25-Jährige ein Polizist war, der angeschossen worden war. Die Kugel war durch seinen Magen gegangen und hatte sein Rückenmark durchtrennt. Die Ärzte hatten ihm mitgeteilt: „Sie werden nie wieder laufen können; Sie werden für den Rest Ihres Lebens gelähmt sein." Gott musste also sein Rückenmark regenerieren, und das war das erste Wunder unseres Mannes. Sein erstes! Wie du schon gesagt hast, Gott fängt nicht immer damit an, eine Erkältung zu heilen.

Bill: Du weißt, es ist eine große Herausforderung für Menschen, dies zu lernen, denn nach unserer menschlichen Denkweise nehmen wir an, dass wir mit etwas Einfachem anfangen und uns dann steigern. Aber so funktioniert es nicht.

Wie wäre es damit, wenn du uns eine Geschichte über Befreiung erzählst? Hast du da etwas Großartiges? Ich denke gerade an eine der Reisen nach Brasilien, wo diese Frau war, der viele Leute schon über viele Jahre versucht hatten zu helfen …

Randy: Big Bertha (die große Berta)! Wir waren in Belem in Brasilien, als wir sie zum ersten Mal gesehen haben. Big Bertha hatte den Ruf, sie versuche, Versammlungen zu ruinieren. Die Pastoren standen auf der Bühne und bemühten sich, diesen Dämon aus ihr auszutreiben. Sie hielten sie fest und schüttelten sie. Einer warf sie zum Nächsten, und auch derjenige schüttelte sie durch. Man hat ihren Kopf nach hinten gezogen, ihren Mund geöffnet und versucht, Wasser hineinzuschütten. Es war schrecklich. Meine Teammitglieder waren sehr betroffen darüber. Sie konnten es einfach nicht glauben, was man dieser armen Frau antat! Wir wurden geschult, sanfter und pastoraler mit Menschen umzugehen.

Die Kameraleute der Gemeinde hatten ihre Kamera auch auf das gesamte Geschehen gerichtet, sodass 25.000 Menschen zuschauen konnten, was ablief. Ich war schockiert; es war das erste Mal, dass ich diesen Pastor getroffen habe, und wir waren verspätet, jedoch gerade rechtzeitig, um auf die Bühne zu gehen. Big Bertha – und sie war *wirklich* kräftig gebaut – terrorisierte den Pastor, aber sie konnten den Dämon nicht austreiben. Einige Zeit später kamen wir noch einmal zu einer größeren Evangelisation dorthin, und Big Bertha tauchte erneut auf. Tom Hauser (einer meiner pastoralen Berater in den USA) diente ihr und befreite sie. Wir sprechen hier über jemanden, der sich dadurch in der Foursquare-Gemeinde von Belem Respekt verschafft hat! Ich habe zwar nicht mitbekommen, was dort geschehen ist, aber ich weiß, dass sie frei wurde.

Dann sah ich eine weitere Befreiung, die wirklich bizarr war. Dabei ging es um eine junge Frau, die Prostituierte gewesen war. Sie war zum Herrn gekommen und errettet worden, war aber sehr dämonisiert. Sie fiel gekrümmt zu Boden. Ihre Hände bewegten sich in alle möglichen Richtungen und Blut floss aus ihrem Mund, oder vielleicht auch aus Nase und Mund. Es dauerte eine Weile, aber zu beobachten, wie sie befreit wurde, war wirklich gewaltig. (Tom Hauser war derjenige, der ihr diente.)

Die wahrscheinlich erstaunlichsten Befreiungen, die ich gesehen habe, waren die ersten beiden in meiner Baptistengemeinde – es zeigten sich ganz klassische Phänomene wie Veränderung der Stimme und des Gesichtsausdruckes, Anschwellen von Stirn und Hals. Eine junge Frau schlug ihren Kopf auf den Boden. Wir wussten nicht, was wir tun sollten, aber als wir herausfanden, wie wir bei Befreiungen vorgehen sollten, waren wir erfolgreich (neun Dämonen wurden in zwei Tagen ausgetrieben).

Der Zustand ihrer Cousine war sogar noch schlimmer. Sie war 39 und benutzte bereits eine Gehhilfe. Ihr Körper war von Arthritis zerfressen, sie war dabei, ihr Augenlicht zu verlieren und hatte heftige Krampfanfälle. Es hieß, sie habe einen Gehirnschaden. Die letzten beiden Male hatte die junge Frau, die wir bereits befreit hatten, für ihre Cousine gebetet, woraufhin diese das Bewusstsein verlor und heftige Anfälle bekam. Beim ersten Mal sagte ich: „Lasst uns nicht davon ausgehen, dass sich unter jedem Busch ein Dämon versteckt. Es könnte ein Zufall sein. Wenn du zu ihr zurückgehst und es noch einmal vorkommt, dann müssen wir ihr dienen."

Der Befreiungsdienst mit der einen jungen Frau war bis dahin mein einziger und ich war nicht allzu versessen auf einen weiteren. Ich mag den Befreiungsdienst ohnehin nicht besonders; andere Dinge ziehe ich vor. Aber ein Mann in der Gemeinde namens John liebt ihn einfach. Bill, du kennst John. Er wachte in der Nacht, bevor wir diese Cousine trafen, mit Erstickungsgefühlen auf; es war, als hätte sich eine Hand um seinen Hals gelegt, die ihn würgte. Sein Zimmer war von Angst erfüllt, überall pure Angst. Und er versuchte „Jesus" zu sagen, aber bekam das Wort nicht heraus. Schließlich, als er in der Lage war, „Jesus" zu sagen, ließ plötzlich die unsichtbare Hand von ihm ab, verließ ihn alle Angst und er sah eine offene Vision. Diese Vision war der Schlüssel dazu, diese Cousine freizubekommen. Er sah sie, als sie 16 Jahre alt war, also 23 Jahre früher, und er erkannte den Namen der Stadt in Illinois, in der sie lebte. Dort gibt es diese grünen Schilder, auf denen die Namen der Städte geschrieben stehen, deshalb konnte er den Namen lesen. Dann sah er das Auto, in dem das Mädchen war, und er wusste, dass der Mann, der sie gerade vergewaltigte, Mike hieß.

Wir begannen mit dem Befreiungsdienst, und als wir gerade anfingen zu beten, verlor sie das Bewusstsein in einem heftigen Krampfanfall. John ging zu ihr hinüber und sagte: „Ich weiß alles über euch; ihr habt letzte Nacht versucht mich umzubringen." Der Herr hatte ihm zwei Namen der Geister genannt, die in ihr waren, also rief er sie hervor. Die ganze Sache wurde so verrückt, dass ich dachte, dass es vielleicht nur ein Zufall war. Aber als er den Dämonen gebot zu weichen, knarrte die Schwingtür hinten in der Gemeinde. Es war wie bei der Fernsehserie *Twilight Zone*. Für mich war es erst die zweite Befreiung, die ich miterlebte, und sie verlief ganz klassisch.

Dann sagte John zu ihr, er habe auch das Wort *Ehebruch* gehört.

„Das war ich nicht, das war ich nicht", antwortete sie.

Daraufhin sagte John: „Doch, du warst es. Gott hat es mir mitgeteilt. Ich habe das Wort *Ehebruch* gehört." Dann wurde sie wütend und erwiderte: „Es war mein Ehemann; ich habe ihn vor zwei Wochen mit einer jungen Frau in der Garage erwischt. Am liebsten hätte ich ihn mit einer Schrotflinte erschossen."

„Oh, vergib mir, vergib mir!", sagte John sofort. „Ich dachte, du seist es gewesen." An jenem Tag hat John viel gelernt. Aber all die Dinge, die Gott John zeigte, haben gestimmt, und er diente ihr weiter. Wie gesagt, wurde sie in einer klassischen Befreiung dann frei. Im Anschluss daran habe ich sie durch einen Prozess der inneren Heilung geführt. John sagte zu mir: „Ich habe die Dämonen ausgetrieben – du übernimmst den Teil der inneren Heilung!"

Bis zum heutigen Tag mag ich noch immer keinen Befreiungsdienst. Es dauert einfach länger, und ich bevorzuge den Dienst der Heilung und der Zurüstung durch Handauflegung. Wenn wir also große Evangelisationen abhalten, nehmen wir einige Leute mit, die sehr gut im Befreiungsdienst sind, und normalerweise haben wir ein Zelt für Befreiungsdienst, eines für Heilung und eines für Schwerkranke. Während der Veranstaltungen gibt es immer Gruppen, die im Kreis stehen und für die Schwerkranken beten. Eines Tages möchte ich es auch in den Vereinigten Staaten auf diese Weise machen.

Bill: Wie oft, Randy, siehst du einen Zusammenhang zwischen dem Dämonischen und Heilung? (Wir haben diese Frage einander regelmäßig gestellt. Jedes Mal, wenn wir dies tun, kommen wir zu dem Schluss, dass das Dämonische mehr damit zu tun hat, als wir noch beim letzten Mal für möglich gehalten hätten.)

Randy: Da gibt es mehr Zusammenhänge, als ich bisher gedacht habe. Wir beide und weitere Leiter von Revival Alliance haben schon vor zehn Jahren angefangen, darüber zu sprechen. Trotzdem, jedes Mal, wenn wir darüber sprechen, muss ich sagen: „Da gibt es mehr Zusammenhänge, als ich dachte."

In Brasilien gibt es mehr Zusammenhänge als in den USA, weil dort viel mehr Hexerei vorherrscht und viel mehr Menschen zu Spiritisten gehen. Doch in dem Maß, wie der Glaube an New Age zunimmt, desto mehr Menschen werden aus meiner Sicht auch in

Amerika krank werden. Wenn Menschen Reiki und ähnliche Dinge in Anspruch nehmen, glaube ich, dass sie sich für das Dämonische öffnen. Ich denke, dass wir die Auswirkungen davon in Kürze sehen werden.

Manchmal stehen 25 Prozent der Krankheiten, die uns begegnen, im Zusammenhang mit dem Dämonischen; gelegentlich sind es auch mehr. Der prozentuale Anteil ist nicht immer gleich. An bestimmten Orten ist der Zusammenhang stärker als an anderen, wie ich schon gesagt habe. Aber zu sagen, dass die Ursache einer Krankheit niemals von einem plagenden Geist kommen kann, ist genauso falsch, wie wenn man behauptet, dass jede Krankheit durch einen Geist verursacht wird. Von den frühen pfingstlichen Heilungsdienern wurde so ziemlich alles als dämonisch angesehen. Zu jener Zeit war das einfach ihr Erkenntnisstand. Aber ich glaube nicht, dass das wahr ist, genauso wie ich auch nicht glaube, dass es nie zutrifft.

Bill: Erstaunlich. Die gesamte Zeit war so gut. Danke, dass du dir die Zeit genommen hast. Ich liebe es, deine Geschichten zu hören. Deine Perspektive der Dinge zu hören, ist äußerst hilfreich für mich. Auch glaube ich, dass es vielen Menschen auf lange Sicht eine Hilfe sein wird, wenn wir alle Informationen auf Video und in schriftlicher Form festhalten. Vielen Dank, dass du dazu beigetragen hast.

Randy: Das sehe ich auch so. Wenn Menschen diese Interviews auf DVD anschauen oder in einem Buch lesen können und dadurch Klarheit über geistliche Prinzipien im Zusammenhang mit Heilung erlangen, wird es ihnen helfen, wiederum anderen zu helfen. Danke, dass du dich hieran mit beteiligt hast, Bill.

Über die Autoren

Bill Johnson ist Pastor in der fünften Generation mit einem reichen Erbe im Heiligen Geist. Bill und seine Ehefrau Beni dienen gemeinsam als Hauptpastoren der Bethel-Gemeinde in Redding, Kalifornien. Außerdem dienen sie einer wachsenden Anzahl von Gemeinden, die zu Teilhabern der Erweckung geworden sind. Dieses Leiternetzwerk geht über konfessionelle Grenzen hinaus und stellt Beziehungen her, die es Gemeindeleitern ermöglichen, erfolgreich in Reinheit und Vollmacht zu wandeln.

Die aktuelle Bewegung Gottes hat Bill zu einem tieferen Verständnis des Satzes „wie im Himmel so auf Erden" verholfen. Jesus hat dieses Prinzip vorgelebt, indem er nur das tat, was er seinen Vater tun sah. Der Himmel war das Vorbild für das Leben und den Dienst Jesu – und auch Bill macht ihn zu seinem Vorbild. Bill zeigt, wie wir durch das Erkennen der Gegenwart des Heiligen Geistes und dem Folgen seiner Leitung in die Lage versetzt werden, die Werke Christi zu tun und damit die Werke des Teufels zu zerstören.

Bill und seine Gemeinde erleben regelmäßig Heilungen, die von Krebs über gebrochene Knochen und Lernschwächen bis zu emotionalen Traumata reichen. Diese Werke Gottes sind nicht auf Erweckungsveranstaltungen oder Gottesdienste beschränkt. Bill lehrt, dass Gläubige diese Salbung mit in Schulen, auf die Arbeit und in ihre Nachbarschaft mit den gleichen Ergebnissen hineinnehmen sollen. Wir schulden der Welt eine Begegnung mit Gott, sagt er, und ein Evangelium ohne Vollmacht ist nicht das Evangelium, das Jesus gepredigt hat. Bill glaubt, dass Heilung und Befreiung wieder die gängigen Ausdrucksformen des vollmächtigen Evangeliums werden müssen.

Bill und Beni haben drei Kinder und neun wunderbare Enkelkinder. Ihre drei Kinder sind inzwischen alle verheiratet und dienen vollzeitlich mit ihren Ehepartnern. Wenn Sie mehr über Bill Johnson, seinen Dienst und seine Studienmaterialien wissen möchten, besuchen Sie www.ibethel.org und www.bjm.org.

Randy Clark ist dafür bekannt, dass er die Bewegung Gottes entfachen half, die heute liebevoll „der Toronto-Segen" genannt wird. Seitdem hat sein Einfluss als internationaler Gastredner zugenommen. Mit großer Beharrlichkeit demonstriert er weiterhin die Kraft des Herrn, die Kranken zu heilen.

Randy hat einen Master of Divinity des Theologischen Seminars der Südbaptisten und arbeitet zur Zeit an seinem Doctor of Ministry des „United Theological Seminary" (Dayton, Ohio). Seine Botschaft ist schlicht: „Gott möchte dich gebrauchen." Er hat insgesamt sieben Bücher geschrieben oder zusammengestellt, einschließlich *There is More* (Es gibt mehr).

Der wichtigste Aspekt seines Dienstes ist die Art, wie Gott ihn für Gabenübertragungen gebraucht. Die ersten beiden Male, als John Wimber Randy traf, vernahm er Gottes hörbare Stimme. Er sagte, Randy werde eines Tages um die Welt reisen, um seine Hände für eine Gabenübertragung und eine Anfachung der Gaben des Heiligen Geistes auf Pastoren und Leiter zu legen. Im Januar 1994, während der ersten Zeit der Ausgießung des Geistes in Toronto, rief John Randy an und sagte ihm, dass das, was Gott ihm über Randy gezeigt hatte, nun beginnen würde. Es hat sich seitdem fortgesetzt.

Randy hat die einzigartige Fähigkeit, vielen Konfessionen und apostolischen Netzwerken zu dienen. Dazu gehören römisch-katholische, messianisch-jüdische, methodistische, viele pfingstliche und charismatische Gemeinden und Kirchen und die größten Baptistengemeinden in Argentinien, Brasilien und Südafrika. Darüber hinaus hat er mehrere Tausend Menschen in internationalen Teams mit auf seine Dienstreisen genommen. Sein Mitautor Bill Johnson sagt, dass der schnellste Weg, im Übernatürlichen zu wachsen, darin besteht, Randy auf einer Reise ins Ausland zu begleiten. Randy hat mehr als 36 Länder besucht und reist weiterhin viel, damit sich Gottes Auftrag für sein Leben erfüllt.

Randy und seine Frau DeAnne leben in Mechanicsburg, Pennsylvania. Sie haben vier erwachsene Kinder, von denen drei verheiratet sind, und zwei Enkelkinder. Mehr über Randy Clark, seinen Dienst und seine Studienmaterialien finden Sie unter www.globalawakening.com und RandyClarkMinistry.com.

Weitere Bücher aus der Bethel Church

bei GloryWorld-Medien erschienen

Bill Johnson/ Randy Clark, Berufen zu heilen I

Grundlagen und Praxis des Gebets für Kranke, 240 S., Pb.

Jeder Christ kann von Gott gebraucht werden, um anderen Heilung zukommen zu lassen. Das ist das Anliegen der beiden Autoren. Dazu berichten Sie, wie Gott sie in den Heilungsdienst hineinführte, und legen anschließend klare biblische Grundlagen für das Heilungsgebet. Im umfangreichsten Teil gehen sie auf verschiedene Aspekte ein, die für eine Heilung förderlich sind, erläutern, wie seelische und körperliche Krankheiten zusammenhängen und stellen dann ein in der Praxis bewährtes Modell für das Gebet um Heilung vor, das für alle Christen leicht anwendbar ist.

Chris Overstreet, Übernatürlich evangelisieren

Ein Handbuch für die Praxis; 160 S., Paperback;

Vorwort von Bill Johnson

Übernatürlich evangelisieren hat das Potenzial, in uns das Feuer der Liebe Gottes zu entzünden, um Menschen, die Gott nicht kennen, mit seinem Herzen und seiner Kraft in Berührung zu bringen. Wir lernen uns ganz praktisch in das einzuklinken, was Gott mit den Menschen vorhat, denen wir im Alltag begegnen – wie es auch Jesus getan hat.

Zu den behandelten Themen gehören: Eine Reich-Gottes-Mentalität pflegen | Grundwerte des Evangelisierens | Wie wir Menschen zum Herrn führen können | In der Öffentlichkeit für Kranke beten | Prophetisches Evangelisieren | Angst und Ablehnung überwinden. Jedes Kapitel schließt mit einem Anwendungsteil, um das Gelernte zu reflektieren, in der Gruppe zu besprechen und im Alltag anzuwenden.

Chris Gore, In Gottes Heilungskraft leben

Wenn Zeichen und Wunder ganz natürlich von uns ausgehen

160 S.; Paperback

In Gottes Heilungskraft zu leben und zu wirken, ist einfacher als wir denken. Chris Gore, der Leiter der Heilungsdienste der Bethel Church, zeigt auf, wie jeder Christ effektiv für einen Lebensstil der Heilungen und Wunder zugerüstet und aktiviert werden kann. Wirklich den Charakter Gottes zu kennen, Hindernisse für einen solchen Lebensstil zu überwinden und lernen, darauf zu vertrauen, dass Gott das Übernatürliche tut, sind nur einige der Themen, die angesprochen werden. Zusätzlich ist ein **Arbeitsbuch** erhältlich.

Barry & Lori Byrne, Liebe in der Ehe

Eine tiefere geistliche, emotionale und körperliche Einheit erleben; Vorwort von Bill Johnson; 334 S., Klappenbroschur

Gott möchte, dass die Ehe ein Ort echter Liebe und Vertrautheit ist. Dafür brauchen wir die Hilfe des Heiligen Geistes. Mit ihm können wir die Ursachen unserer Konflikte erkennen und überwinden. Unsere Ehe kann Heilung und Wiederherstellung erfahren, egal, wie der momentane Zustand ist.

Mit klarer biblischer Lehre und vielen praktischen Hilfen packen die Autoren die wichtigsten heißen Eisen an. Viele ermutigende Erfahrungsberichte verdeutlichen die dramatische Heilung und Intimität, die mit Gottes Hilfe möglich ist.

Danny Silk, Erziehung mit Liebe und Vision

Herzensbeziehungen eingehen statt Machtkämpfe austragen
Vorwort von Bill Johnson; 170 S., Pb.

Danny Silk fordert uns in unserem bisherigen Denken über Liebe, Disziplin und Respekt, ja in unserer generellen Vorstellung von Kindererziehung heraus. Er stellt eine Denk- und Lebensweise vor, die eine Leichtigkeit und Frieden in unsere familiären und sonstigen Beziehungen bringt.

Unser Herz spielt dabei die zentrale Rolle. Das Herz der Eltern und das Herz der Kinder. Wenn beide Seiten verstehen, wie sich ihr jeweiliges Verhalten auf das Herz des anderen auswirkt, werden die Herzen geschützt und Beziehungen können gedeihen. **Auch als Hörbuch erhältlich.**

Judy Franklin / Beni Johnson, Den Himmel erleben

Wie wir in Gottes Dimension eintreten können
Vorwort von Bill Johnson; 200 S., Pb.

Judy Franklin, die Sekretärin von Bill Johnson, versteht es meisterhaft, die christliche Gemeinde zu ihrem ursprünglichen Auftrag, im Geist zu leben, zurückzuführen. Ihr Buch liest sich wie eine Schatzkarte, die einen vom Chaos dieser Welt zu übernatürlichen Erfahrungen führt.

Aufgrund ihrer Kindheitserlebnisse hatte Judy Franklin lange Zeit gedacht, sie sei dumm und könne nicht geliebt werden. In diesem Buch berichtet sie, wie Gott sie in die himmlische Welt sehen ließ und ihr persönlich begegnete, sodass sie diese Erfahrungen überwinden konnte.

Die praktischen Tipps und Anleitungen helfen Ihnen, den Vater sehr persönlich kennenzulernen. Die Autorin berichtet, wie sie Hindernisse zu dieser Erfahrung überwand, und bezeugt dadurch Gottes Kraft zu heilen und seine liebevolle Freundlichkeit und Güte gegenüber allen, die sich danach sehnen, ihn zu kennen und eine tiefere Vertrautheit mit Christus zu erleben.

Beni Johnson, Der glückliche Fürbitter

Mit Gott die Welt bewegen, ohne die Freude zu verlieren

Vorwort von Bill Johnson; 180 S., Paperback

Beni Johnson (die Frau von Bill Johnson) nimmt uns mit auf ihre Reise von einer schüchternen Person zu einer kühnen, aber glücklichen Fürbitterin. Gott offenbarte ihr einen Weg, wie sie aus seiner Gegenwart und seiner Liebe heraus in Einklang mit seinem Herzen effektiv beten kann.

Dieser Weg steht jedem Menschen offen. Fürbitte muss nicht dazu führen, dass uns die Anliegen und Probleme, für die wir eine Last haben, unter Druck bringen oder emotional beeinträchtigen. Den Himmel auf die Erde zu holen, kann sogar regelrecht Spaß machen. Unmögliches wird plötzlich möglich – ob es dabei um „kleine" Dinge in unserem persönlichen Umfeld geht oder um die Veränderung des geistlichen Klimas über unseren Städten und Nationen.

Paul Manwaring, Die Herrlichkeit Gottes

Was sie ist und wie unser Leben davon geprägt sein kann

260 S.; Paperback; Vorwort von Bill Johnson.

Gott hat eine Leidenschaft: Er möchte, dass wir seine Herrlichkeit kennen, und zwar schon hier auf Erden!

Paul Manwaring, der Leiter des apostolischen Netzwerk der Bethel Church, beschreibt seinen Weg in dieses Verlangen Gottes hinein. Er verfolgt die Spuren der Offenbarung von Gottes Herrlichkeit durch die Bibel hindurch und lädt uns ein, Moses Wunsch an Gott zu folgen: „Zeige mir deine Herrlichkeit." – „Dies könnte das ermutigendste Buch sein, das Sie je lesen werden" (Bill Johnson).

Weitere Produkte von GloryWorld-Medien

Jonathan Welton, Die Schule der Seher

Eine praktische Anleitung, wie man ins Unsichtbare hineinsehen kann; 224 S.; Pb.; Vorwort von Randy Clark

Viele Christen haben angefangen, übernatürliche Phänomene zu erleben: Träume, (offene) Visionen, Engel oder Dämonen. Aber es mangelt ihnen an solider biblischer Lehre und sie sind zu dem geworden, was man als *Seherwaisen* bezeichnet: Sie suchen verzweifelt nach jemandem, der sie trainiert, ermutigt und freisetzt.

Das Ziel von Jonathan Welton war deshalb, ein praktisches Handbuch herauszubringen, das den Leib Christi mit den Informationen ausrüstet, die notwendig sind, um in der Dimension des Prophetischen bzw. des Sehers zu wachsen und im Leben im Übernatürlichen Reife zu erlangen.